HAVA FRİTÖZÜ İÇİN MÜKEMMEL VEGAN YEMEK KİTABI

Hava Fritözünüz için 100 Hızlı, Kolay, Sağlıklı Yemek

SILA ASLAN

Telif Hakkı Malzemesi ©2023

Her hakkı saklıdır

, incelemede kullanılan kısa alıntılar dışında, yayıncının ve telif hakkı sahibinin uygun yazılı izni olmadan, hiçbir şekilde veya yöntemle kullanılamaz veya aktarılamaz . Bu kitap tıbbi, hukuki veya diğer profesyonel tavsiyelerin yerine geçmemelidir.

İÇİNDEKİLER

İÇİNDEKİLER 3
GİRİİŞ 6
KAHVALTI VE BRUNCH 7
1. KOLAY EV YAPIMI GRANOLA 8
2. TATLI PATATES HAŞLAMASI 10
3. ÇÖREK DELİKLERİ 12
4. TEMEL KAHVALTILIK PATATES 14
5. TEMPEH VE SEBZE MÜCADELESİ 16
6. KAHVALTI (TAVA)KEK 18
7. ISPANAKLI OMLET 20
8. TEMPEH PASTIRMA 22
9. PASTIRMA VE YUMURTALI SANDVİÇLER 24
10. MİSO USULÜ SEBZELER 26
MEZELER VE ATIŞTIRMALIKLAR 28
11. HAVA FRİTÖZÜ TATLI PATATES CİPSİ 29
12. HAVA FRİTÖZÜ KALE CİPSLERİ 31
13. HAVA FRİTÖZÜ BALIK ÇUBUKLARI 33
14. ELMA CIPSLERI 35
15. HAVA FRITÖZÜ KAVRULMUŞ EDAMAME 37
16. A I R-KIZARTILMIŞ BAHARATLI ELMALAR 39
17. KAYDIRICI VE BACON BLOODY MARYS 41
18. SEBZELİ YUMURTA RULOLARI 43
19. BARBEKÜ PATATES CİPSİ 45
20. SOYA KIVIRCIK KIZARTMASI 47
21. BAHARATLI PATATES KIZARTMASI 49
22. MEKSİKA BİBER TURSUSU 51
23. BAHARATLI MAC 'N' PEYNİR TOPLARI 53
24. KIZARMIŞ SEBZELİ WONTON 56
25. BAHARATLI SOYA DALDIRMA SOSU 58
26. KIZARMIŞ AVOKADO 60
27. BEANY JACKFRUİT TAQUİTOS 62
28. HAVADA KIZARTILMIŞ KRAKERLER 64
29. FISTIK SOSLU KIZARMIŞ TOFU 67
30. PANELENMİŞ MANTARLAR 69
31. VEGAN KANATLAR 71
32. KAVRULMUŞ BARBEKÜ LEBLEBİ 73
33. BALZAMİK OTLU DOMATES 75
34. YABAN HAVUCU KIZARTMASI 77
35. MANDA KARNABAHARI 79
36. PEYNİRLİ DEREOTU POLENTA LOKMALARI 81

37. Kavrulmuş Brüksel Lahanası ...84
38. Kavrulmuş Meşe Palamudu Kabağı ...86
39. Tamari Kabak Çekirdeği ...88
40. Soğan halkaları ...90
41. Akçaağaç Balkabağı ...92
42. Kale Cips ...94
43. Kızarmış yeşil domatesler ...96
44. patlıcan Parmesan ...98
45. Karışık Sebzeli Börek ...100
46. Peynirli Patates Dilimleri ...102
47. Hasselback Patates ...104
48. Poutin ...106
49. Tatlı patates kızartması ...108
50. Umami Kızartması ...110

ANA DİL ... 112

51. Portakallı Gremolatalı Pancar ...113
52. Balzamik Ispanaklı Somon ...115
53. Sarımsak-Otlu Kızartılmış Patty Tava Kabak ...117
54. Mantarlı Biftek ...119
55. Mantarlı Beyaz Fasulye Sosu ...121
56. Lahana ve Patates Nuggets ...123
57. Temel Havada Kızartılmış Tofu ...125
58. Moğol Tofu ...127
59. Susam Kabuklu Tofu ...129
60. Sambal Goreng Tempeh ...131
61. Tempeh kebapları ...133
62. Fırında Dev Fasulye ...135
63. Kişisel Pizzalar ...137
64. Kızarmış Sosisli Sandviçler ...139
65. Mısır Köpekleri ...141
66. Fırında Patates Dolması ...144
67. Kızarmış Yeşil Fasulye ve Pastırma ...146
68. fırınlanmış spagetti ...148
69. Etli Toplar ...150
70. Fırında Chick'n-Style Seitan ...152
71. Kuru Seitan Karışımı ...154
72. Piliç Kızarmış Biftek ...156
73. Chick'n Pot Pie ...159
74. Kızarmış Tacos ...162
75. Gurme Izgara Peynir ...164
76. Kavrulmuş Nohut ve Brokoli ...166
77. Seitan Fajitas ...168
78. Taco Salatası ...170
79. Tempeh Kızarmış Pilav ...172

80. Soya Kıvırcık Kimchee Çin Böreği 175
81. Lazanya Güveç 177
82. Patates, Filiz ve Soya Bukleleri 179
83. Calzon 181
84. Kızarmış Suşi Ruloları 183

GARNİTÜRLER 185

85. Hava F ryer Karnabahar 186
86. Jicama Kızartması 188
87. Sebze Kebapları 190
88. Spagetti Kabak 192
89. Salatalıklı Kinoa Salatası 194
90. Limonlu Patates 196
91. Asya Usulü Patlıcan 198
92. Baharatlı Çin Usulü Yeşil Fasulye 200
93. Otlu Patlıcan ve Kabak Karışımı 202
94. Haşlanmış Bok Choy 204

TATLI 206

95. Meyve Parçalaması 207
96. Meyveli Pasta Cepleri 209
97. fırınlanmış elmalar 211
98. Karamelize Meyve ve Fındık Sosu 213
99. Kızarmış Ginger-O'lar 215
100. Elmalı Turta Taquitos 217

ÇÖZÜM 219

GİRİİŞ

Havada kızartma deneyiminizi artıracak 100 hızlı ve kolay, sağlıklı yemek için başvuracağınız kaynağınız "Hava fritözü için mükemmel vegan yemek kitabı" na hoş geldiniz. Bu yemek kitabı, bitki bazlı lezzetlerin bir kutlamasıdır ve sizi, sağlıklı vegan yemekler hazırlamada hava fritözünün çok yönlülüğünü ve rahatlığını keşfetmeye davet eder. İster deneyimli bir vegan şef olun ister bitki bazlı yaşam tarzına yeni başlayın, bu tarifler fritözünüzün gücüyle lezzetli ve besleyici yemekler yaratmanız için size ilham vermek üzere hazırlanmıştır.

Hava fritözünüzün cızırtılı sesleriyle, mükemmel şekilde çıtır çıtır sebzelerin baştan çıkarıcı aromasıyla ve sadece lezzetli değil aynı zamanda besleyici yemekler hazırladığınızı bilmenin mutluluğuyla dolu bir mutfak hayal edin. "The Hava fritözü için mükemmel vegan yemek kitabı" Ultimate Vegan Air Fritöz Yemek Kitabı" sadece bir tarif koleksiyonundan daha fazlasıdır; bitki bazlı yemek pişirmeyi erişilebilir, verimli ve inanılmaz lezzetli hale getirmeye yönelik bir rehberdir. Canınız ister çıtır atıştırmalıklar, ister doyurucu ana yemekler veya leziz tatlılar olsun, bu yemek kitabı fritözün büyüsüyle vegan mutfağında mükemmelliğe giden pasaportunuzdur.

Klasik havayla kızartılmış sebzelerden yenilikçi bitki bazlı burgerlere ve suçluluk duymayan tatlılara kadar her tarif, hava fritözünün mutfağınıza getirdiği sağlık bilincine sahip ve lezzet dolu olanakların bir kutlamasıdır. İster kendiniz, ister aileniz için yemek yapıyor olun, ister misafirlerinizi eğlendiriyor olun, bu hızlı ve kolay tarifler, vegan havada kızartılmış mutfağın leziz dünyasını sergileyecek.

Her eserin bitki bazlı havada kızartılmış lezzetlerin sadeliğinin, sağlıklılığının ve nefisliğinin bir kanıtı olduğu "Hava fritözü için mükemmel vegan yemek kitabı" aracılığıyla bir mutfak macerasına atılırken bize katılın. Öyleyse, fritözünüzü ateşleyin, vegan pişirmenin kolaylığını benimseyin ve damak zevkinizi tatmin edecek ve vücudunuzu besleyecek 100 hızlı, kolay, sağlıklı yemeğe dalalım.

KAHVALTI VE BRUNCH

1. Kolay Ev Yapımı Granola

İÇİNDEKİLER:

- 2 su bardağı (220g) pekan cevizi, doğranmış
- 1 su bardağı (85g) hindistan cevizi sahtesi
- 1 su bardağı (122g) kıyılmış badem
- 1 çay kaşığı (2.6g) tarçın
- 1 yemek kaşığı (18g) Hindistan cevizi yağı spreyi

TALİMATLAR:

a) Büyük bir kapta cevizleri, hindistancevizi pullarını, kıyılmış bademleri ve öğütülmüş tarçını karıştırın.
b) Hindistan cevizi yağı spreyi ile hafifçe buğulayın, fırlatın ve tekrar hafifçe buğulayın.
c) Hava fritöz sepetini pişirme kağıdıyla hizalayın.
ç) Karışımı sepete dökün.
d) 160°C'de 4 dakika pişirin, karıştırın ve 3 dakika daha pişirin.

2.Tatlı Patates Haşlaması

İÇİNDEKİLER:
- 450 gram tatlı patates
- 1/2 beyaz soğan, doğranmış
- 3 yemek kaşığı zeytinyağı
- 1 çay kaşığı füme kırmızı biber
- 1/4 çay kaşığı kimyon
- 1/3 çay kaşığı öğütülmüş zerdeçal
- 1/4 çay kaşığı sarımsak tuzu
- 1 bardak guacamole

TALİMATLAR:
a) HAVA KIZARTMA modunu seçerek 325 derece F'de 3 dakika boyunca üniteyi önceden ısıtın.
b) Ön ısıtma işlemini başlatmak için BAŞLAT/DURAKLAT öğesini seçin.
c) Ön ısıtma tamamlandıktan sonra BAŞLAT/DURAKLAT tuşuna basın.
ç) Patatesleri soyun ve küp şeklinde kesin.
d) Şimdi patatesleri bir kaseye aktarın ve yağ, beyaz soğan, kimyon, kırmızı biber, zerdeçal ve sarımsak tuzunu ekleyin.
e) Bu karışımı Hava Fritözünün sepetine koyun.
f) 390 derece F'de 10 dakika boyunca HAVA KIZARTMA moduna ayarlayın.
g) Daha sonra sepeti çıkarın ve iyice çalkalayın.
ğ) Daha sonra süreyi tekrar 390 derece F'de 15 dakikaya ayarlayın.

3.Çörek Delikleri

İÇİNDEKİLER:
- 2 yemek kaşığı soğuk süt içermeyen tereyağı
- 1/2 bardak artı 2 yemek kaşığı hindistan cevizi şekeri, bölünmüş
- 1 yemek kaşığı Ener-G marka yumurta ikame tozu veya en sevdiğiniz vegan yumurta sarısı ikamesi
- 2 yemek kaşığı su
- 2 1/4 su bardağı ağartılmamış çok amaçlı un
- 1 1/2 çay kaşığı kabartma tozu
- 1 çay kaşığı tuz
- 1/2 bardak sade veya vanilyalı süt içermeyen yoğurt
- 1 ila 2 sprey kanola yağı
- 1 çay kaşığı öğütülmüş tarçın

TALİMATLAR:
a) Büyük bir kapta tereyağını ve 1/2 bardak şekeri birleştirin ve topaklaşana kadar ellerinizi kullanarak iyice karıştırın.
b) Küçük bir kapta veya kapta yumurta ikamesini suyla çırpın. Tereyağı ve şekere ekleyip iyice karıştırın. Bir kenara koyun.
c) Orta boy bir kapta un, kabartma tozu ve tuzu birleştirin.
ç) Unlu karışımı tereyağlı karışıma ekleyip iyice karıştırın. Yoğurdu katlayın. Bir hamur oluşana kadar karıştırın.
d) Hamur parçalarını 18 (1 inç) toplara yuvarlayın ve bunları büyük bir fırın tepsisine veya parşömen kağıdına yerleştirin.
e) Hava fritözünü yağla yağlayın. Hava fritözünü 3 dakika boyunca 360°F'ye önceden ısıtın. Çörek deliklerini hava fritözü sepetine aktarın. Pişirme süresinin yarısında sallayarak 8 dakika pişirin.
f) Kalan 2 yemek kaşığı şekeri ve tarçını bir tabakta karıştırın. Sıcak çörek deliklerini tarçın şekeri içinde hafifçe yuvarlayın ve soğuması için bir fırın rafına aktarın.

4.Temel Kahvaltılık Patates

İÇİNDEKİLER:
- 2 büyük kırmızı veya kızıl patates, temizlenmiş
- 1 küçük sarı soğan, yarım ay dilimleri halinde kesilmiş (soğanı uzunlamasına ikiye bölün ve ardından soğanın çizgileri boyunca dilimleyin)
- 1 çay kaşığı sızma zeytinyağı veya kanola yağı
- 1/2 çay kaşığı deniz tuzu (isteğe bağlı)
- 1/4 çay kaşığı karabiber

TALİMATLAR:
a) Hava fritözünü 3 dakika boyunca 360°F'ye önceden ısıtın. Patatesleri mutfak robotunda veya peynir rendesinin büyük deliklerinden yararlanarak parçalayın.
b) Rendelenmiş patatesleri ve soğanı orta boy bir kaseye aktarın. Yağı, tuzu (kullanıyorsanız) ve karabiberi ekleyin. Kaplamak için maşayla atın.
c) Hava fritözü sepetine aktarın. Her 3 dakikada bir çalkalayarak 12 ila 15 dakika veya altın rengi kahverengi olana kadar pişirin. Sıcak servis yapın.

5.Tempeh ve Sebze Mücadelesi

İÇİNDEKİLER:
- 8 ons tempeh
- 2 diş sarımsak, kıyılmış
- 1 çay kaşığı öğütülmüş zerdeçal
- 1 çay kaşığı öğütülmüş kimyon
- 1/2 çay kaşığı biber tozu
- 1/2 çay kaşığı siyah tuz
- 1/4 ila 1/2 bardak düşük sodyumlu sebze suyu
- 1 ila 2 spritz sızma zeytinyağı
- 1 su bardağı iri doğranmış cremini mantarı (veya en sevdiğiniz mantar)
- 1 küçük kırmızı soğan, dörde bölünmüş
- 1/2 bardak iri kıyılmış dolmalık biber (herhangi bir renk)
- 1/2 bardak dilimlenmiş kiraz veya üzüm domates

TALİMATLAR:
a) Tempeh'i 10 dakika boyunca buharda pişirin. (Bu adım isteğe bağlıdır, ancak ben, turşuyu emmesine, acısını dindirmesine ve dokusunu biraz yumuşatmasına yardımcı olmak için tempeh'i önceden buharda pişirmenin büyük bir hayranıyım.) Tempeh'i 12 eşit küp halinde kesin.

b) Sığ bir kapta sarımsak, zerdeçal, kimyon, kırmızı toz biber, siyah tuz ve et suyunu birleştirin. Buharda pişirilmiş tempeh'i ekleyin ve en az 30 dakika veya gece boyunca marine edin.

c) Hava fritözü sepetine yağ püskürtün (alternatif olarak sepeti yağla silin). Tempeh'i boşaltın ve hava fritözü sepetine ekleyin. Mantarları, soğanı ve dolmalık biberi ekleyin.

ç) 10 dakika boyunca 330°F'de pişirin. Domatesleri ekleyin, ısıyı 390°F'ye çıkarın ve 3 dakika daha pişirin.

d) 4 kişilik

e) Yağsız Seçenek: Zeytinyağını çıkarmayın ve yapışmayı önlemek için sık sık sallayın.

6.Kahvaltı (Tava)Kek

İÇİNDEKİLER:

- 1/2 bardak ağartılmamış çok amaçlı un
- 2 yemek kaşığı hindistan cevizi şekeri veya toz şeker
- 1 yemek kaşığı kabartma tozu
- 1 ila 2 tutam deniz tuzu
- 1/2 bardak soya sütü veya diğer süt ürünü olmayan süt
- 1 yemek kaşığı elma püresi
- 1/4 çay kaşığı vanilya özü
- 1 ila 2 sprey sızma zeytinyağı spreyi

TALİMATLAR:

a) Unu, şekeri, kabartma tozunu ve tuzu bir karıştırma kabında birleştirin. Sütü, elma püresini ve vanilya özünü yavaşça çırpın.

b) Hava fritözünü 3 dakika boyunca 330°F'ye önceden ısıtın. 8 inçlik yaylı bir tavayı (veya seçtiğiniz fırına dayanıklı bir tabağı) zeytinyağı spreyi ile yağlayın.

c) Hamuru hazırlanan tavaya dökün. 10 dakika boyunca 330°F'de pişirin. Ortasına bir kürdan batırarak pişip pişmediğini kontrol edin; kürdan kuru çıkmalıdır. Gerektiğinde 2 ila 4 dakika daha pişirin.

ç) Porsiyon: 2

d) Yağsız Seçenek: Zeytinyağını çıkarın ve fırın tepsisini parşömen kağıdıyla kaplayın (hiçbir kağıt açıkta kalmamalıdır).

e) Bu tarifi ikiye veya üçe katlayın ve hamuru buzdolabında hava geçirmez bir kapta (bir cam kavanoz harikadır) saklayın. Ertesi gün tekrar yapmaya hazır olacaksınız!

7.Ispanaklı Omlet

İÇİNDEKİLER:
- 1 su bardağı buzlu soğuk su
- 4 yemek kaşığı Kalbini Takip Et VeganEgg
- 2 yemek kaşığı nohut unu
- 1/4 çay kaşığı siyah tuz
- 1 çay kaşığı Vegan Magic veya DIY "Vegan Magic"
- 1/2 su bardağı ince doğranmış kırmızı dolmalık biber
- 1/2 su bardağı ince doğranmış sarı soğan
- Taze çekilmiş karabiber
- 2 bardak gevşek paketlenmiş bebek ıspanak

TALİMATLAR:
a) Suyu, VeganEgg'i, unu ve tuzu karıştırıcıda birleştirin ve pürüzsüz hale gelinceye kadar karıştırın. Bir kenara koyun.

b) Vegan Magic'i fritözünüze sığacak bir fırın tepsisine ekleyin. Fırın tepsisini hava fritözüne yerleştirin ve 3 dakika boyunca 390°F'ye önceden ısıtın.

c) Omlet karışımını fırın tepsisine dökün ve 390°F sıcaklıkta 2 dakika pişirin. Biber ve soğanı omlet karışımına ekleyip 3 dakika daha pişirin.

ç) Omlete biber ve ıspanağı eklemek için makineyi durdurun. Omleti ikiye katlayın ve 390°F sıcaklıkta 5 dakika daha pişirin. 2 Servise bölün: .

8.Tempeh Pastırma

İÇİNDEKİLER:
- 8 ons tempeh
- 2 yemek kaşığı akçaağaç şurubu
- 1 çay kaşığı avokado yağı veya sızma zeytinyağı
- 1/2 çay kaşığı vegan Worcestershire sosu, tamari veya soya sosu
- 1/8 çay kaşığı sıvı duman
- 1/2 çay kaşığı acı biber

TALİMATLAR:
a) Tempeh'i 10 dakika boyunca buharda pişirin. (Bu adım isteğe bağlıdır, ancak neden önerdiğimi görmek için buraya bakın.) Tempeh'i sığ bir kaseye aktarın.

b) Küçük bir kapta akçaağaç şurubu, yağ, Worcestershire sosu, sıvı duman ve kırmızı biberi birleştirin ve iyice karışıncaya kadar çırpın. Turşuyu tempeh üzerine dökün ve en az 1 saat marine edin (gece boyunca daha iyidir).

c) Tempeh dilimlerini hava fritözü sepetine yerleştirin. 330°F'de 10 dakika pişirin. 5 dakika sonra çalkalayın. Isıyı 390°F'ye yükseltin ve 3 dakika daha pişirin.

ç) Porsiyon: 8 adet

d) Yağsız Seçenek: Avokado yağını çıkartın.

9.Pastırma ve Yumurtalı Sandviçler

İÇİNDEKİLER:
- 1 (16 ons) paket ekstra sert tofu
- 1/2 bardak soya sütü
- 1/4 bardak artı 2 yemek kaşığı besin mayası
- 2 çay kaşığı artı 1 çay kaşığı öğütülmüş zerdeçal
- 1 çay kaşığı sarımsak tozu
- 1/2 çay kaşığı siyah tuz
- 3 yemek kaşığı ağartılmamış çok amaçlı un
- 1 yemek kaşığı patates nişastası
- 2 ila 4 sprey kanola yağı spreyi
- 4 şerit Tempeh Bacon veya mağazadan satın alınan vegan pastırma
- 4 Kızartılmış Bisküvi veya mağazadan satın alınan vegan bisküvi

TALİMATLAR:
a) Tofuyu boşaltın ve bastırın.
b) Tofuyu 4 eşit parçaya bölün. Daha sonra her bir parçayı ikiye bölerek toplam 8 dilim elde edin.
c) Küçük bir kapta süt, besin mayası, zerdeçal, sarımsak tozu ve siyah tuzu bir araya gelinceye kadar çırpın. Bir kenara koyun.
ç) Tarama için un ve patates nişastasını geniş bir tabakta karıştırın. Her tofu parçasını süt karışımına batırın. Daha sonra her parçayı un karışımıyla hafifçe kaplayın.
d) Hava fritözü sepetine kanola yağı püskürtün. Kaplanmış tofu parçalarını sepete yerleştirin ve tofunun üst kısmına hafifçe püskürtün. 360°F'de 6 dakika pişirin. Tofu dilimlerini çevirin ve 6 dakika daha pişirin. Her bisküvinin üzerine iki tofu yumurtası ve bir parça vegan pastırması koyun.
e) 4 kişilik
f) Varyasyon: Ispanaklı Omlet'i tofu yumurtalarına alternatif olarak kullanın.
g) Yağsız Seçenek: Pişirmenin ilk 5 dakikasında parşömen kağıdı veya folyo ile başlayın. Tofu parçalarını un ve nişasta karışımıyla çok hafif kaplamaya dikkat edin, hatta altın-kahverengi bir dış görünüm yerine beyaz un lekeleriyle karşılaşabilirsiniz.

10.Miso Usulü Sebzeler

İÇİNDEKİLER:
- 1 yemek kaşığı beyaz miso
- 2 yemek kaşığı soya sosu
- 2 yemek kaşığı pirinç sirkesi
- 1 çay kaşığı susam yağı (isteğe bağlı)
- 2 su bardağı ince doğranmış havuç
- 2 su bardağı brokoli çiçeği
- 1/2 bardak ince doğranmış daikon turp

TALİMATLAR:
a) Küçük bir kapta miso, soya sosu, sirke ve susam yağını (kullanılıyorsa) birleştirin. İyice karıştırın.

b) Büyük bir karıştırma kabında havuç, brokoli ve daikonu birleştirin. Miso karışımını sebzelerin üzerine dökün ve tamamen kaplayacak şekilde maşayla atın. Hava fritözünü 5 dakika boyunca 330°F'ye önceden ısıtın.

c) Sebzeleri fritöz sepetine aktarın ve her 5 dakikada bir çalkalayarak 25 dakika pişirin.

MEZELER VE ATIŞTIRMALIKLAR

11.Hava Fritözü Tatlı Patates Cipsi

İÇİNDEKİLER:
- 1 ½ bardak tatlı patates
- 2 orta boy tatlı patates
- 1 yemek kaşığı sızma zeytinyağı
- 2 yemek kaşığı organik esmer şeker açık veya koyu kullanılabilir
- 2 çay kaşığı biber tozu
- 1 çay kaşığı öğütülmüş kimyon
- ½ çay kaşığı tuz

TALİMATLAR:
a) Tatlı patatesleri ince ince dilimleyin.
b) Her bir tatlı patates diliminin hafifçe kaplanması için yağı bir kaseye atın. İsterseniz elinizi kullanabilirsiniz.
c) Esmer şekeri, toz biberi, kimyonu ve tuzu küçük bir kapta karıştırın.
ç) Tatlı patatesler dururken içinden su çıkarsa, onu boşaltabilirsiniz.
d) Baharat karışımını tatlı patateslerin üzerine serpin ve her dilimin üzerinde baharat olacak şekilde atın. Yukarıdaki fotoğrafta olduğu gibi hafifçe kaplanmıştır.
e) Tatlı patatesleri hava fritözüne tek bir kat halinde, çok az dokunacak veya üst üste gelecek şekilde yerleştirin. Hava fritözünüzde çıkarılması gereken bir karıştırma kolunuz varsa.
f) Dilimlerinizin inceliğine bağlı olarak 180°C'de (356°F) 6 ila 9 dakika Havada Kızartma yapın.
g) Sepeti yarıya kadar sallayın veya hafifçe karıştırarak fritözün alt kısmından çıkmasını sağlayın.
ğ) Bittiğinde talaşları bir soğutma rafına alın ve soğumaya bırakın. Soğudukça daha çıtır olacaklar.
h) Yapın ve yiyin veya hava geçirmez bir kapta saklayın.

12.Hava Fritözü Kale Cipsleri

İÇİNDEKİLER:
- 1 toplu kıvırcık lahana, yıkanmış ve kurulanmış
- 2 çay kaşığı zeytinyağı
- 1 yemek kaşığı besin mayası
- ¼ çay kaşığı deniz tuzu
- 1/8 çay kaşığı öğütülmüş karabiber

TALİMATLAR:

a) Lahananın saplarındaki yaprakları çıkarın ve orta boy bir kaseye koyun.

b) Zeytinyağı, besin mayası, tuz ve karabiberi ekleyin. Topakları lahana yapraklarına masaj yapmak için ellerinizi kullanın.

c) Lahanayı fritözünüzün sepetine dökün ve 390 derece F'de 67 dakika veya çıtır çıtır olana kadar pişirin.

ç) Sıcak veya oda sıcaklığında servis yapın.

13.Hava Fritözü Balık Çubukları

İÇİNDEKİLER:
- Morina gibi 1 lb. beyaz balık
- ¼ bardak mayonez
- 2 yemek kaşığı Dijon hardalı
- 2 yemek kaşığı su
- 1 ½ bardak domuz kabuğu panko, örneğin Pork King Good
- ¾ çay kaşığı Cajun baharatı
- Tatmak için biber ve tuz

TALİMATLAR:
a) Hava fritözü rafına yapışmaz pişirme spreyi püskürtün.
b) Balıkları kurulayın ve yaklaşık 1 inç x 2 inç genişliğinde çubuklar halinde kesin.
c) Küçük, sığ bir kapta mayonezi, hardalı ve suyu birlikte çırpın. Başka bir sığ kapta domuz kabuklarını ve Cajun baharatını birlikte çırpın.
ç) Tadına göre tuz ve karabiber ekleyin.
d) Her seferinde bir parça balıkla çalışarak, kaplamak için mayonez karışımına daldırın ve ardından fazlalığı hafifçe vurun.
e) Domuz kabuğu karışımına batırın ve kaplayın. Hava fritözü rafına yerleştirin.
f) 400F'de Air Fry'a ayarlayın ve 5 dakika pişirin, balık çubuklarını maşayla çevirin ve 5 dakika daha pişirin. Derhal servis yapın.

14.Elma Cipsleri

İÇİNDEKİLER:
- 2 elma, ince dilimlenmiş
- 2 çay kaşığı toz şeker
- 1/2 çay kaşığı tarçın

TALİMATLAR:
a) Büyük bir kapta elmayı tarçın ve şekerle karıştırın. Gruplar halinde çalışarak, elmaları hava fritözünün sepetine tek bir katman halinde yerleştirin (bir miktar üst üste gelmede sorun yoktur).
b) Her 4 dakikada bir çevirerek 350°'de yaklaşık 12 dakika pişirin.

15.Hava Fritözü Kavrulmuş Edamame

İÇİNDEKİLER:
- 2 Bardak Edamame veya Dondurulmuş Edamame
- Zeytin yağı spreyi
- Sarımsak tuzu

TALİMATLAR:
a) Edamame'yi fritöz sepetine yerleştirin; taze veya dondurulmuş olabilir.
b) Zeytinyağı spreyi ve bir miktar sarımsak tuzu ile kaplayın.
c) 390 derecede 10 dakika boyunca Havada Kızartın.
d) Tercihe göre pişirme süresinin yarısında karıştırın. Çıtır, kavrulmuş bir tat için 5 dakika daha havayla kızartın.
e) Sert.

16.Air-Kızartılmış Baharatlı Elmalar

İÇİNDEKİLER:

- 4 küçük elma dilimlenmiş
- 2 yemek kaşığı hindistancevizi yağı, eritilmiş
- 2 yemek kaşığı şeker
- 1 çay kaşığı elmalı turta baharatı

TALİMATLAR:

a) Elmaları bir kaseye koyun. Hindistan cevizi yağını gezdirin ve üzerine şeker ve elmalı turta baharatı serpin. Elmaları eşit şekilde kaplamak için karıştırın.

b) Elmaları hava fritözleri için yapılmış küçük bir tavaya yerleştirin ve ardından onu sepetin içine yerleştirin.

c) Hava fritözünü 10 dakika boyunca 350°'ye ayarlayın. Elmaların yumuşak olduğundan emin olmak için çatalla delin.

ç) Gerekirse 3-5 dakika daha hava fritözüne geri koyun.

17. Kaydırıcı ve Bacon Bloody Marys

İÇİNDEKİLER:

- 2 (1/2 inç kalınlığında) dilim Gimme Yağsız Sosis veya Fırında Piliç Tarzı Seitan
- 2 dilim Tempeh Bacon veya mağazadan satın alınan vegan pastırma
- 6 ila 8 ons vegan Bloody Mary karışımı
- 2 ila 4 ons votka (isteğe bağlı)
- 2 kaburga kereviz
- 2 vegan kaymaklı çörek
- 2 ila 4 çekirdeksiz yeşil zeytin veya limon dilimleri (isteğe bağlı)
- 2 tatlı veya dereotu turşu dilimleri veya kiraz domates (isteğe bağlı)

TALİMATLAR:

a) Sosis dilimlerini hava fritözü sepetine yerleştirin. Pastırmayı ekleyin. 370°F'de 6 dakika pişirin.

b) En sevdiğiniz yetişkin veya bakire Bloody Mary'yi karıştırmak için Bloody Mary karışımını ve votkayı (kullanıyorsanız) kullanın. En az 12 ons sıvı içeren bir bardak kullandığınızdan emin olun (bir cam kavanoz eğlenceli bir seçenektir). Her içeceğe bir parça kereviz ekleyin.

c) Pişen sosisleri kaydırıcı çöreklerin üzerine toplayın ve şişle delin. Zeytin ve turşu kullanacaksanız bunları da şişlere ekleyin. Şişleri her içeceğin içine yerleştirin ve bardakların kenarlarına dayayın. Her Bloody Mary'ye pişmiş bir pastırma şeridi ekleyin.

18.Sebzeli Yumurta Ruloları

İÇİNDEKİLER:
- 1 ila 2 çay kaşığı kanola yağı
- 1 su bardağı kıyılmış lahana
- 1 su bardağı rendelenmiş havuç
- 1 su bardağı fasulye filizi
- 1/2 su bardağı ince doğranmış mantar (herhangi bir tür)
- 1/2 bardak dilimlenmiş yeşil soğan
- 2 çay kaşığı biber salçası
- 1/2 çay kaşığı öğütülmüş zencefil
- 1/4 bardak düşük sodyum soya sosu veya tamari
- 2 çay kaşığı patates nişastası
- 8 adet vegan yumurta rulosu sarmalayıcı

TALİMATLAR:
a) Büyük bir tavada yağı orta-yüksek ateşte ısıtın. Lahanayı, havuçları, fasulye filizlerini, mantarları, yeşil soğanları, biber salçasını ve zencefili ekleyin. 3 dakika soteleyin.

b) Küçük bir kapta veya ölçü kabında soya sosunu ve patates nişastasını birlikte çırpın. Bu karışımı tavaya dökün ve sebzelerle birleştirin.

c) Yumurta rulosu ambalajlarını çalışma yüzeyine yerleştirin. Kenarlarını hafifçe suyla fırçalayın. Ambalajın bir ucuna 1/4 fincan dolguyu yerleştirin. Sargıyı sebzelerin üzerine sarmaya başlayın ve ilk rulodan sonra uçlarını sıkıştırın. Bu işlemi kalan ambalajlar ve doldurma ile tekrarlayın.

ç) Yumurta rulolarını hava fritözü sepetine aktarın. Pişirme süresinin yarısında sallayarak 360°F'ta 6 dakika pişirin.

19. Barbekü Patates Cipsi

İÇİNDEKİLER:
- 1 büyük kızıl patates
- 1 çay kaşığı kırmızı biber
- 1/2 çay kaşığı sarımsak tuzu
- 1/4 çay kaşığı şeker
- 1/4 çay kaşığı soğan tozu
- 1/4 çay kaşığı chipotle tozu veya biber tozu
- 1/8 çay kaşığı deniz tuzu
- 1/8 çay kaşığı öğütülmüş hardal
- 1/8 çay kaşığı acı biber
- 1 çay kaşığı kanola yağı
- 1/8 çay kaşığı sıvı duman

TALİMATLAR:
a) Patatesi yıkayıp soyun. İnce, 1/10 inçlik dilimler halinde kesin; Tutarlı dilimler elde etmek için mandolin dilimleyiciyi veya mutfak robotundaki dilimleyici bıçağı kullanmayı düşünün.

b) Büyük bir kaseyi 3 ila 4 bardak çok soğuk suyla doldurun. Patates dilimlerini kaseye aktarın ve 20 dakika bekletin.

c) Küçük bir kapta sarımsak tuzu, şeker, soğan tozu, chipotle tozu, deniz tuzu, hardal ve kırmızı biberi birleştirin.

ç) Patates dilimlerini yıkayıp süzün ve kağıt havluyla kurulayın. Bunları büyük bir kaseye aktarın. Yağ, sıvı duman ve baharat karışımını kaseye ekleyin. Ceketini fırlat. Patatesleri hava fritözü sepetine aktarın.

d) 390°F'de 20 dakika pişirin. İlerlemeyi takip etmek için her 5 dakikada bir sallayın. Kahverengi ama yanmamış cipsler istiyorsun. Bunları hemen yiyin!

20.Soya Kıvırcık Kızartması

İÇİNDEKİLER:
- 1 bardak kuru Soya Bukleleri
- 1 su bardağı sıcak vegan tavuk suyu
- 1/2 çay kaşığı biber tozu
- 1 çay kaşığı esmer pirinç unu
- 1 çay kaşığı mısır nişastası
- 1 çay kaşığı chipotle avokado yağı (veya sade avokado yağı artı 1/2 çay kaşığı chipotle tozu)

TALİMATLAR:
a) Soya Buklelerini sıcak et suyunda 10 dakika boyunca yeniden sulandırın. Soya Buklelerini boşaltın ve fazla sıvıyı çıkarmak için maşayla hafifçe bastırın.

b) Süzülmüş Soya Buklelerini büyük bir kaseye aktarın. Biber tozunu, unu, mısır nişastasını ve yağı ekleyin. İyice kaplanana kadar fırlatın.

c) Soya Buklelerini hava fritözüne aktarın ve pişirme süresinin yarısında sallayarak 390°F'ta 8 dakika pişirin.

21.Baharatlı Patates Kızartması

İÇİNDEKİLER:
- 2 büyük kırmızı patates, temizlenmiş
- 1 yemek kaşığı avokado yağı veya sızma zeytinyağı
- 1 çay kaşığı kurutulmuş dereotu
- 1 çay kaşığı kurutulmuş frenk soğanı
- 1 çay kaşığı kurutulmuş maydanoz
- 1 çay kaşığı acı biber
- 2 yemek kaşığı nohut, soya, karabuğday veya darı unu

TALİMATLAR:
a) Patatesleri 1/4 inçlik dilimler halinde kesin, ardından dilimleri 1/4 inçlik şeritler halinde kesin. Kızartmaları geniş bir kaseye aktarın ve üzerlerini 3 ila 4 bardak suyla kaplayın. Patatesleri 20 dakika bekletin. Drenaj yapın, durulayın ve kurulayın.

b) Patatesleri kaseye geri koyun. Avokado yağı, dereotu, frenk soğanı, maydanoz, kırmızı biber ve unu ekleyin. İyice kaplanana kadar fırlatın.

c) Hava fritözünü 3 dakika boyunca 390°F'ye önceden ısıtın. Kaplanmış patatesleri hava fritözü sepetine aktarın. Pişirme süresinin yarısında sallayarak 20 dakika pişirin.

22.Meksika Biber tursusu

İÇİNDEKİLER:

- 8 büyük jalapeno
- 1 su bardağı süt içermeyen krem peynir
- 1/4 su bardağı ince doğranmış soğan
- 1 su bardağı baharatsız kuru ekmek kırıntısı
- 2 çay kaşığı kurutulmuş Meksika kekiği
- 1/2 çay kaşığı taze çekilmiş karabiber
- 1/2 ila 1 çay kaşığı tuz veya tadı
- 2 ila 3 spritz sızma zeytinyağı

TALİMATLAR:

a) Jalapenoları hazırlarken cildinizi tahriş etmemek için lateks eldiven giymeyi düşünün. Biberlerin kıvrımını takip ederek jalapenoları uzunlamasına ikiye bölün. Küçük bir kaşıkla veya parmaklarınızla, jalapenoların ısısını içerdikleri için tohumları ve zarı çıkarın (ekstra ısı istiyorsanız birkaç tohum bırakın). Dilimlenmiş jalapenoları bir kenara koyun.

b) Küçük bir kapta krem peyniri ve soğanı karıştırın.

c) Orta boy bir kapta ekmek kırıntılarını, Meksika kekiğini, biberi ve tuzu birleştirin.

ç) Her jalapeño yarısını yaklaşık 2 çay kaşığı krem peynir karışımıyla doldurun ve parmaklarınızla boşluğa bastırın. Krem peynirin üzerine 1 1/2 çay kaşığı ekmek kırıntısı karışımını serpin. Ekmek kırıntılarını krem peynirin içine bastırın.

d) Hava fritözü sepetine yağ püskürtün. Hava fritözü sepetine sığacak kadar çok sayıda jalapeno patlıcanı yerleştirin (toplu olarak pişirmeniz gerekebilir). Patlıcanların üst kısmına ilave yağ sıkın (bu onların kahverengileşmesine yardımcı olacaktır). 390°F'ta 6 ila 7 dakika veya ekmek kırıntıları altın rengi kahverengi olana kadar pişirin.

23.Baharatlı Mac 'n' Peynir Topları

İÇİNDEKİLER:

- 2 3/4 bardak vegan tavuk suyu, bölünmüş
- 1 su bardağı tam buğdaylı düdük
- 1 yemek kaşığı süt içermeyen tereyağı
- 2 diş sarımsak, kıyılmış
- 1/4 su bardağı ince doğranmış sarı soğan
- 1/4 su bardağı artı 1 yemek kaşığı nohut unu, bölünmüş
- 1/4 bardak besin mayası
- 1 çay kaşığı taze limon suyu
- 1/4 bardak süt ürünü olmayan kıyılmış Daiya Jalapeño Havarti Tarzı Çiftlik Evi Blok veya Pepperjack Tarzı peynir
- 1/4 çay kaşığı karabiber
- 2 keten yumurtası veya 2 yemek kaşığı Kalbinizi Takip Edin VeganEgg veya Ener-G Yumurta Değiştirici
- 1/2 su bardağı buzlu soğuk su
- 1/2 su bardağı kuru İtalyan ekmeği kırıntısı
- 1 çay kaşığı füme kırmızı biber
- 1 çay kaşığı acı biber
- 1/4 bardak süt ürünü olmayan rendelenmiş Parmesan peyniri
- 3 ila 4 spritz sızma zeytinyağı

TALİMATLAR:

a) Büyük bir tencerede, 2 1/2 bardak et suyunu orta-yüksek ateşte kaynatın. Düdükleri ekleyin ve 11 dakika pişirin.
b) Küçük bir tencerede tereyağını, sarımsağı ve soğanı orta-düşük ateşte ısıtın. Tereyağı kaynadıktan sonra ısıyı en aza indirin ve 5 dakika pişirin.
c) Tereyağına 1 yemek kaşığı nohut unu ekleyin ve meyane yapmak için çırpın.
ç) Pişen düdükleri süzüp büyük tencereye geri koyun. Meyaneyi makarnaya aktarın ve besin mayası, limon suyu ve peyniri ekleyerek karıştırın. Kremsi bir kıvam elde etmek için kalan 1/4 bardak et suyundan gerektiği kadar ekleyin. Düdükleri büyük bir kaseye aktarın, üzerini kapatın ve 1 ila 2 saat buzdolabında bekletin.
d) 3 tarama istasyonu kurun. Kalan 1/4 bardak nohut ununu sığ bir kaseye dökün. Keten yumurtalarını ve soğuk suyu ikinci bir sığ kasede birleştirin. Ekmek kırıntılarını, füme kırmızı biberi ve kırmızı biberi üçüncü bir sığ kasede birleştirin. Hava fritözünü 3 dakika boyunca 390°F'ye önceden ısıtın.
e) Soğutulmuş mac 'n' peynirinden 2 yemek kaşığı alın ve 8 top elde edene kadar top haline getirin. Her bir topu nohut ununa bulayın (fazla unu çıkarmak için her birini sallayın), ardından topu keten yumurtasına batırın ve son olarak topu ekmek kırıntısı karışımıyla kaplayın. 8 mac 'n' peynir topunun tamamı hazırlanana kadar her birini bir tabağa veya parşömen kağıdına bir kenara koyun.
f) Topları hava fritözü sepetine aktarın. 8 dakika veya altın rengi kahverengi olana kadar pişirin.

24.Kızarmış Sebzeli Wonton

İÇİNDEKİLER:
- 1/4 su bardağı ince doğranmış havuç
- 1/4 bardak ince doğranmış ekstra sert tofu
- 1/4 bardak ince doğranmış shiitake mantarı
- 1/2 su bardağı ince kıyılmış lahana
- 1 yemek kaşığı kıyılmış sarımsak
- 1 çay kaşığı kurutulmuş öğütülmüş zencefil
- 1/4 çay kaşığı beyaz biber
- 2 çay kaşığı soya sosu, bölünmüş
- 1 çay kaşığı susam yağı
- 2 çay kaşığı patates nişastası veya mısır nişastası
- 16 adet vegan wonton sarmalayıcı
- 1 ila 2 sprey kanola yağı veya sızma zeytinyağı
- Baharatlı Soya Daldırma Sosu

TALİMATLAR:
a) Büyük bir kapta havuç, soya peyniri, mantar, lahana, sarımsak, zencefil, beyaz biber ve 1 çay kaşığı soya sosunu birleştirin.

b) Küçük bir kapta kalan 1 çay kaşığı soya sosunu, susam yağını ve patates nişastasını birleştirin. Nişasta tamamen birleşene kadar çırpın. Tofu ve sebzelerin üzerine dökün ve ellerinizi kullanarak iyice birleştirin.

c) Köfte yapmak için çalışma yüzeyinizin yanına küçük bir kase su koyun. Wonton ambalajını düz bir şekilde yerleştirin, parmağınızı kullanarak yanlarını suyla ıslatın ve ortasına 1 çorba kaşığı dolguyu yerleştirin. Ambalajın 4 köşesini de yukarıya ve ortaya doğru çekin ve birbirine sıkıştırın. Wontonları hava fritözü sepetine yerleştirin. Toplam 16 wonton elde ederek bu işlemi tekrarlayın. Wontonlara kanola yağı serpin. Pişirme süresinin yarısında sallayarak 360°F'ta 6 dakika pişirin.

ç) Kızaran mantıları tabağa alın ve dip sosla birlikte servis yapın.

25.Baharatlı Soya Daldırma Sosu

İÇİNDEKİLER:
- 1 yemek kaşığı düşük sodyumlu soya sosu
- 1 çay kaşığı pirinç sirkesi
- 1/2 çay kaşığı biber salçası

TALİMATLAR:
a)   Küçük bir kapta soya sosu, sirke ve biber salçasını birleştirin.

26. Kızarmış Avokado

İÇİNDEKİLER:

- 1/4 bardak ağartılmamış çok amaçlı un
- 1 Keten Yumurtası
- 1/2 bardak panko ekmek kırıntısı
- 1 çay kaşığı biber tozu
- 1 olgun Hass avokado, çekirdeği çıkarılmış ve soyulmuş
- 2 ila 3 sprey kanola yağı veya sızma zeytinyağı

TALİMATLAR:

a) Unu sığ bir tabağa koyun. Keten yumurtasını ikinci bir sığ tabağa yerleştirin. Üçüncü bir sığ tabakta panko ekmek kırıntılarını ve kırmızı biber tozunu birleştirin.

b) Her avokadonun yarısını üç kaplama istasyonundan geçirin: una bulayın, keten yumurtasına batırın ve panko ekmek kırıntılarıyla kaplayın.

c) Hava fritözü sepetine yağ püskürtün. Kaplanmış avokado yarımlarını fritöz sepetine tek kat halinde yerleştirin. Avokado yarımlarını yağla yağlayın. 390°F'de 12 dakika pişirin.

27. Beany Jackfruit Taquitos

İÇİNDEKİLER:

- 1 (14 ons) kutu su dolu jackfruit, süzülmüş ve durulanmış
- 1 su bardağı pişmiş veya konserve kırmızı fasulye, süzülmüş ve durulanmış
- 1/2 bardak pico de gallo sosu
- 1/4 bardak artı 2 yemek kaşığı su
- 4 (6 inç) mısır veya tam buğday ekmeği
- 2 ila 4 sprey kanola yağı veya sızma zeytinyağı

TALİMATLAR:

a) Orta boy bir tencerede veya düdüklü tencerede nefesi, fasulyeyi, pico de gallo'yu ve suyu birleştirin. Bir tencere kullanıyorsanız, nefesi karışımını orta-yüksek ateşte kaynamaya başlayıncaya kadar ısıtın. Isıyı azaltın, tencerenin kapağını kapatın ve 20 ila 25 dakika pişirin. Düdüklü tencere kullanıyorsanız, düdüklü tencerenin kapağını kapatın, basınca getirin, düşük basınçta 3 dakika pişirin ve ardından doğal tahliye kullanın.

b) Jackfruit karışımını çatal veya patates eziciyle ezin. Nefesi etli bir dokuya kadar parçalamayı hedefliyorsunuz. Hava fritözünü 3 dakika boyunca 370°F'ye önceden ısıtın.

c) Tortillayı çalışma yüzeyine yerleştirin. Tortilla üzerine 1/4 bardak jackfruit karışımını kaşıklayın. Sıkıca yuvarlayın ve dışarı düşen karışımdan herhangi birini tortillaya geri itin. 4 taquito yapmak için bu işlemi tekrarlayın.

ç) Hava fritözü sepetine yağ püskürtün. Tortillaların üst kısımlarına da püskürtün. Rulo tortillaları hava fritözü sepetine yerleştirin. 370°F'de 8 dakika pişirin.

28.Havada Kızartılmış Krakerler

İÇİNDEKİLER:
- 3/4 bardak ılık su (110 ila 115°F)
- 1 çay kaşığı anlık maya
- 1/2 çay kaşığı tuz
- 2 çay kaşığı toz şeker
- 1 1/2 su bardağı ağartılmamış çok amaçlı un, bölünmüş, artı gerektiği kadar daha fazla
- 4 1/2 su bardağı su
- 1/4 bardak kabartma tozu
- 1 1/4 çay kaşığı kaba deniz tuzu

TALİMATLAR:

a) Büyük bir ölçüm kabında ılık su ve mayayı birlikte çırpın. Tuz ve şekeri ekleyip birleşene kadar karıştırın.
b) Orta boy bir karıştırma kabında, 1 su bardağı unu maya karışımıyla birleştirin ve tahta kaşıkla karıştırın. Hamur artık yapışkan olmayana ve işlenmesi kolay olana kadar karıştırarak 1/4 bardak daha un ekleyin.
c) Kalan 1/4 bardak unu çalışma yüzeyine dağıtın. Hamuru çalışma yüzeyine aktarın ve 3 ila 4 dakika yoğurun. Hamur çalışma yüzeyine veya ellerinize yapışırsa daha fazla un ekleyin.
ç) Hamuru yoğurduktan sonra 5 x 5 x 1/2 inç kare şeklinde şekillendirin.
d) Orta-yüksek ateşte büyük bir tencerede su ve kabartma tozunu kaynatın.
e) Bu arada hamur bloğunu uzunlamasına 5 şerit halinde kesin.
f) Her şeridi 12 inçlik halatlara yuvarlayın. İpin her iki ucunu alın, bunları bir araya getirin ve ellerinizi kullanarak hamur hala çalışma yüzeyindeyken bir daire oluşturmak için tam bir büküm yapın. Hamurun uçlarını daireye bastırarak ikonik çubuk kraker şeklini oluşturun. Bu işlemi kalan iplerle tekrarlayın ve 5 simit yapın.
g) Delikli bir kaşığa 1 çubuk kraker koyun ve yavaşça kaynayan suya koyun. Batacak ve yaklaşık 20 ila 30 saniye içinde yüzeye çıkacak. Krakeri oluklu bir kaşıkla çıkarın ve üzerine bir silikon pişirme matı veya bir parça parşömen kağıdı aktarın.
ğ) Bu işlemi kalan 4 krakerle tekrarlayın.
h) Hava fritözünü 5 dakika boyunca 390°F'ye önceden ısıtın. Her krakerin üzerine 1/4 çay kaşığı tuz serpin.
ı) Krakerleri havalı fritöz sepetine aktarın. Raf aksesuarlı büyük bir hava fritözü kullanıyorsanız, 2 büyük simitleri doğrudan sepete ve 3 küçük simitleri rafa yerleştirebilirsiniz. Daha küçük bir hava fritözü kullanıyorsanız veya raf yoksa simitleri gruplar halinde kızartın.
i) 390°F'ta 5 ila 6 dakika pişirin. 3 dakika sonra onları kontrol etmeye başlayın. Altından koyu kahverengiye kadar bir sonuç arıyorsunuz. Bir spatula kullanarak krakerleri hava fritözünden çıkarın.

29.Fıstık Soslu Kızarmış Tofu

İÇİNDEKİLER:

KIZARTILMIŞ TOFU
- 1 (12 ons) paket sert tofu, süzülmüş ve preslenmiş
- 1/2 bardak mısır unu
- 1/4 bardak mısır nişastası
- 1/2 çay kaşığı deniz tuzu
- 1/2 çay kaşığı beyaz biber
- 1/2 çay kaşığı kırmızı biber gevreği
- 1 ila 2 sprey susam yağı

FISTIK SOSU
- 1 (1 inç) parça taze zencefil, soyulmuş
- 1 diş sarımsak
- 1/2 bardak kremalı fıstık ezmesi
- 2 yemek kaşığı düşük sodyum tamari
- 1 yemek kaşığı taze limon suyu
- 1 çay kaşığı akçaağaç şurubu
- 1/2 çay kaşığı biber salçası
- Gerektiği gibi 1/4 ila 1/2 bardak su
- 1/4 su bardağı ince kıyılmış soğan

TALİMATLAR:

a) Tofu: Tofuyu 16 küp halinde kesin ve bir kenara koyun. Orta boy bir kapta mısır nişastasını, mısır unu, tuzu, beyaz biberi ve kırmızı pul biberi birleştirin. Küp şeklinde kesilmiş tofuyu ekleyin ve iyice kaplayın. Tofuyu hava fritözü sepetine aktarın. Susam yağını serpin. Pişirme süresinin yarısında hafifçe sallayarak 350°F'ta 20 dakika pişirin.

b) Fıstık Sosu: Zencefil, sarımsak, fıstık ezmesi, tamari, limon suyu, akçaağaç şurubu ve kırmızı biber ezmesini pürüzsüz hale gelinceye kadar bir karıştırıcıda çırpın. Gerekirse, çiseleyecek kadar ince, kalın bir kıvam elde etmek için su ekleyin. Servis yapmak için tofuyu servis tabağına aktarın.

c) Fıstık sosunu küçük bir kaseye dökün ve üzerine yeşil soğanları ekleyin.

30.Panelenmiş Mantarlar

İÇİNDEKİLER:

- 2 büyük portobello mantarı kapağı, hafifçe durulanmış ve kurulayın
- 1/2 su bardağı soya unu
- 1/2 çay kaşığı granül soğan
- 1/4 çay kaşığı kurutulmuş kekik
- 1/4 çay kaşığı kurutulmuş fesleğen
- 1/4 çay kaşığı granül sarımsak
- 1/2 çay kaşığı karabiber, bölünmüş
- 1/2 su bardağı buzlu soğuk su
- 2 yemek kaşığı Kalbinizi Takip Edin Vegan Yumurta veya 1 Keten Yumurta
- 1/8 bardak soya sütü
- 1 çay kaşığı düşük sodyum tamari
- 1 su bardağı panko ekmek kırıntısı
- 1/4 çay kaşığı deniz tuzu
- 1 ila 2 sprey kanola yağı veya sızma zeytinyağı

TALİMATLAR:

a) Portobello kapaklarını 1/4 inç kalınlığında dilimler halinde kesin. Un, toz soğan, kekik, fesleğen, toz sarımsak ve 1/4 çay kaşığı biberi sığ bir tabak veya tabakta birleştirin.

b) Suyu ve VeganEgg'i birlikte çırpın. Karışımı sığ bir kaseye dökün. Soya sütünü ve tamariyi ekleyin. Panko ekmek kırıntılarını üçüncü bir sığ tabağa veya tabağa dökün ve tuzu ve kalan karabiberi ekleyip iyice karıştırın.

c) Gruplar halinde çalışarak mantarları un karışımına yerleştirin ve iyice kaplayacak şekilde tarayın. Fazla unu silkeleyin ve mantarları süt karışımına batırın. Fazla sıvıyı silkeleyin, ardından mantarları ekmek kırıntılarına koyun ve iyice kaplayın. Panelenmiş mantarları parşömen kağıdıyla kaplı bir tabağa yerleştirin ve tüm mantarlar panelenene kadar bu işlemi tekrarlayın.

ç) Hava fritözü sepetine yağ püskürtün. Panelenmiş mantarları fritöz sepetine yerleştirin (bunu gruplar halinde yapmanız gerekebilir) ve pişirme süresinin yarısında sallayarak 360°F'de 7 dakika pişirin.

31.Vegan Kanatlar

İÇİNDEKİLER:

- 1/4 bardak süt içermeyen tereyağı
- 1/2 bardak Frank's RedHot Orijinal Cayenne Biber Sosu veya en sevdiğiniz acı acı sos
- 2 diş sarımsak
- 16 ila 18 ons Fırında Chick'n-Style Seitan , 8 ila 10 parçaya bölünmüş veya WestSoy veya Pacific marka tavuk tarzı seitan
- 1/4 su bardağı nohut unu
- 1/4 bardak mısır unu

TALİMATLAR:

a) Tereyağı, acı sos ve sarımsağı küçük bir tencerede orta ateşte 3 ila 5 dakika birleştirin. Sosun yarısını bir kaseye dökün. Bir kenara koyun.

b) Seitan parçalarını tavadaki sosa ekleyin. Seitanı kaplamak için iyice karıştırın.

c) Unu ve mısır unu sığ bir kapta birleştirin.

ç) Hava fritözünü 3 dakika boyunca 370°F'ye önceden ısıtın. Seitan parçalarını un karışımına bulayıp iyice kaplayın. Seitanı hava fritözüne yerleştirin. 370°F'ta 7 dakika pişirin, 3 dakikada çalkalayın.

d) Kanatları ayrılmış acı soslu kaseye aktarın. Süt içermeyen mavi peynir veya çiftlik sosuyla fırlatıp servis yapın.

32.Kavrulmuş Barbekü Leblebi

İÇİNDEKİLER:

- 1 (15 ons) kutu nohut, süzülmüş, durulanmış ve kurulayın
- 1 çay kaşığı fıstık yağı
- 1/2 çay kaşığı akçaağaç şurubu
- 1 çay kaşığı kırmızı biber
- 1 çay kaşığı sarımsak tozu
- 1/2 çay kaşığı karabiber
- 1/2 çay kaşığı öğütülmüş hardal
- 1/2 çay kaşığı chipotle tozu

TALİMATLAR:

a) Nohutları, yağı ve akçaağaç şurubunu büyük bir kapta birleştirin ve nohutları kaplayın. Nohutların üzerine kırmızı biber, sarımsak tozu, karabiber, hardal ve chipotle tozunu serpin ve tüm nohutlar iyice kaplanana kadar birleştirin.

b) Nohutları hava fritözü sepetine aktarın. Her 5 dakikada bir çalkalayarak 15 dakika boyunca 400°F'ta pişirin.

33.Balzamik Otlu Domates

İÇİNDEKİLER:
- 1/4 bardak balzamik sirke
- 1/2 çay kaşığı kaba deniz tuzu
- 1/4 çay kaşığı öğütülmüş karabiber
- 1 yemek kaşığı kurutulmuş kekik
- 1 çay kaşığı kırmızı biber gevreği
- Her biri 4 dilime kesilmiş 2 büyük, sert domates
- Sızma zeytinyağı spreyi

TALİMATLAR:
a) Sirkeyi sığ bir tabağa dökün. Tuz, karabiber, kekik ve kırmızı biber gevreğini karıştırın.
b) Her bir domates dilimini sirke karışımına batırın. Hava fritözünü 3 dakika boyunca 360°F'ye önceden ısıtın.
c) Domatesleri tek kat halinde ızgara tepsisine veya doğrudan hava fritözüne yerleştirin (hava fritözünüzün boyutuna bağlı olarak bir seferde 2 ila 4 dilim pişirebilmelisiniz). Pişirme kapasitesini arttırmak için ızgara tepsisinin veya sepetinin üzerine iki kat domatesin aynı anda pişmesine olanak sağlayacak bir raf aksesuarı yerleştirin.
ç) Kalan sirke karışımını her bir domatesin üzerine kaşıkla dökün. Yağı domateslerin üzerine gezdirin. 360°F'ta 5 ila 6 dakika pişirin. Domatesleri bir spatula ile dikkatlice çıkarın.

34.Yaban havucu kızartması

İÇİNDEKİLER:

- 2 orta boy yaban havucu, kesilmiş ve iyice yıkanmış
- 1 çay kaşığı avokado yağı veya kanola yağı
- 1 çay kaşığı öğütülmüş tarçın
- 1/2 çay kaşığı öğütülmüş kimyon
- 1/2 çay kaşığı kırmızı biber
- 1/2 çay kaşığı öğütülmüş kişniş
- 1/2 çay kaşığı deniz tuzu
- 1/4 çay kaşığı karabiber
- 1/2 çay kaşığı mısır nişastası
- 1 yemek kaşığı buğday unu veya esmer pirinç unu

TALİMATLAR:

a) Yaban havuçlarının üst ve alt kısımlarını kesin. Uzunlamasına ikiye bölün. Tüm yaban havucu parçaları kabaca aynı boyuta gelinceye kadar kalın parçaları uzunlamasına yarıya veya dörde bölün.

b) Bunları büyük bir kaseye aktarın. Yağ, tarçın, kimyon, kırmızı biber, kişniş, tuz ve karabiberi ekleyin.

c) Küçük bir kapta mısır nişastasını ve unu birleştirin. Mısır nişastası karışımını yaban havuçlarının üzerine serpin ve iyice kaplanana kadar maşayla fırlatın.

ç) Yaban havuçlarını 370°F'ta 15 dakika veya altın rengi kahverengi olana kadar, pişirme süresinin yarısında sallayarak pişirin.

35.Manda Karnabaharı

İÇİNDEKİLER:
- 1 büyük baş karnabahar
- 1 su bardağı ağartılmamış çok amaçlı un
- 1 çay kaşığı vegan tavuk bulyon granülleri (veya Butler Chik Tarzı Baharat)
- 1/4 çay kaşığı acı biber
- 1/4 çay kaşığı biber tozu
- 1/4 çay kaşığı kırmızı biber
- 1/4 çay kaşığı kurutulmuş chipotle şili gevreği
- 1 bardak soya sütü
- Kanola yağı spreyi
- 2 yemek kaşığı süt içermeyen tereyağı
- 1/2 bardak Frank's RedHot Orijinal Cayenne Biber Sosu veya en sevdiğiniz acı acı sos
- 2 diş sarımsak, kıyılmış

TALİMATLAR:
a) Karnabaharı ısırık büyüklüğünde parçalar halinde kesin. Karnabahar parçalarını yıkayıp süzün.

b) Unu, bulyon granüllerini, kırmızı biberi, biber tozunu, kırmızı biberi ve chipotle pullarını geniş bir kapta birleştirin. Kalın bir hamur oluşana kadar sütü yavaşça çırpın.

c) Hava fritözü sepetine kanola yağı püskürtün ve hava fritözünü 10 dakika boyunca 390°F'ye önceden ısıtın.

ç) Hava fritözü ön ısıtma yaparken karnabaharı hamurun içine atın. Hırpalanmış karnabaharı hava fritözü sepetine aktarın. 390°F'de 20 dakika pişirin. 10 dakikada karnabahar parçalarını maşa kullanarak çevirin (yapışırlarsa paniğe kapılmayın).

d) Karnabaharı çevirdikten sonra tereyağını, acı sosu ve sarımsağı küçük bir tencerede orta-yüksek ateşte ısıtın. Karışımı kaynatın, ısıyı azaltın ve kapağını kapatın. Karnabahar piştikten sonra geniş bir kaseye aktarın. Sosu karnabaharın üzerine dökün ve maşayla hafifçe karıştırın. Derhal servis yapın.

36. Peynirli Dereotu Polenta Lokmaları

İÇİNDEKİLER:
- 1 bardak hafif mutfak hindistan cevizi sütü
- 3 su bardağı sebze suyu
- 3 diş sarımsak, kıyılmış
- 1/2 çay kaşığı öğütülmüş zerdeçal
- 1/2 çay kaşığı kurutulmuş dereotu
- 1 su bardağı kurutulmuş polenta veya mısır unu
- 1 yemek kaşığı süt içermeyen tereyağı
- 2 yemek kaşığı besin mayası
- 1 çay kaşığı taze limon suyu
- Kanola yağı spreyi

TALİMATLAR:

POLENTA İÇİN:

a) Düdüklü tencerede veya Hazır Tencerede: Süt, et suyu, sarımsak, zerdeçal, dereotu ve polentayı üstü açık bir düdüklü tencerede (veya Hazır Tencere gibi çok pişiricide) birleştirin.
b) Düdüklü tencerenin kapağını kapatın ve basınca getirin. Yüksek basınçta 5 dakika pişirin. 15 dakika sonra doğal bir sürüm kullanın. Çoklu pişirici kullanıyorsanız, 5 dakika boyunca manuel ve yüksek basıncı seçin. Kapağı çıkarın ve tereyağı, besin mayası ve limon suyunu karıştırın.
c) Ocakta: Sütü, et suyunu, sarımsağı, zerdeçalı ve dereotunu büyük bir tencerede orta-yüksek ateşte kaynatın.
ç) Polentayı yavaş yavaş kaynayan süt karışımına dökün, polentanın tamamı karışıncaya ve topak kalmayıncaya kadar sürekli çırpın. Isıyı en aza indirin ve polenta kalınlaşmaya başlayana kadar yaklaşık 5 dakika sık sık karıştırarak pişirin.
d) Polenta hala biraz gevşek olmalıdır. Tencerenin kapağını kapatıp 5-6 dakikada bir karıştırarak 30 dakika pişirin. Polenta çırpılamayacak kadar kalınlaştığında tahta kaşıkla karıştırın. Polenta, dokusu kremsi olduğunda ve tek tek taneler yumuşak olduğunda yapılır.
e) Isıyı kapatın ve tereyağı kısmen eriyene kadar tereyağını polentanın içine yavaşça karıştırın.
f) Besleyici maya ve limon suyunu polentaya karıştırın. Tencerenin kapağını kapatın ve polentanın koyulaşması için 5 dakika bekletin.
g) Sıcak polentayı soğuması için bir kenara koyun (süreci hızlandırmak için polentayı orta boy bir kaseye aktarıp 15 dakika buzdolabında saklayabilirsiniz).

POLENTA LOKMALARI İÇİN:

ğ) 1/8 fincanlık polentayı top haline getirin ve bunları hava fritözüne tek bir kat halinde yerleştirin. (Hava fritözünüzün boyutuna bağlı olarak gruplar halinde pişirmeniz gerekebilir.)
h) Onlara kanola yağı serpin. 400°F'ta 12 ila 14 dakika pişirin, 6 dakikada çalkalayın.

37.Kavrulmuş Brüksel Lahanası

İÇİNDEKİLER:

- 1 kilo Brüksel lahanası
- 2 yemek kaşığı soya sosu
- 1 yemek kaşığı pirinç sirkesi
- 1 çay kaşığı kanola yağı
- 1 yemek kaşığı kıyılmış sarımsak
- 1/2 çay kaşığı beyaz biber

TALİMATLAR:

a) Brüksel lahanalarının alt kısımlarını kesin ve her bir filizi yukarıdan aşağıya doğru ikiye bölün (dış yapraklar kolayca düşecektir). Durulayın ve boşaltın. Brüksel lahanalarını geniş bir kaseye aktarın.
b) Küçük bir kapta soya sosu, sirke, yağ, sarımsak ve beyaz biberi birlikte çırpın. Brüksel lahanalarının üzerine dökün. Maşayla hafifçe atın, iyice kaplayın.
c) Hava fritözünü 3 dakika boyunca 390°F'ye önceden ısıtın. Brüksel lahanalarını hava fritözü sepetine aktarın. Pişirme süresinin yarısında sallayarak 12 dakika pişirin.

38.Kavrulmuş Meşe Palamudu Kabağı

İÇİNDEKİLER:

- 1 (16 ons) meşe palamudu kabak, yıkanmış
- 1/4 su bardağı sebze suyu
- 2 yemek kaşığı besin mayası
- 3 diş sarımsak, kıyılmış

TALİMATLAR:

a) Kabağı ikiye bölün ve bir kaşıkla çekirdeklerini çıkarın. (Tamari Kabak Çekirdeği yapmak için tohumları bir kenara koyun . Her parçanın ucunu düz bir taban oluşturacak şekilde dilimleyin.
b) Kabağın her yarısını etli kısmı yukarı bakacak şekilde hava fritözüne yerleştirin. 360°F'de 10 dakika pişirin.
c) Küçük bir kapta et suyu, besin mayası ve sarımsağı birlikte çırpın.
ç) 10 dakika sonra, fritözün sepetini açın ve kabak sosunun 1/8 fincanını kabak yarısının üzerine ve 1/8 fincan sarımsak sosunu diğer kabak yarısının üzerine dökün. Sos, kabakların "kasesine" yerleşecektir.
d) Kabağın üstünü kaplamak için bir fırça kullanın. Isıyı 390°F'a yükseltin ve kabak yumuşayana kadar 5 dakika daha pişirmeye devam edin.
e) Kabak yarımlarını fritözden çıkarın ve dilimleyin veya yenilebilir servis kaseleri olarak kullanın.

39.Tamari Kabak Çekirdeği

İÇİNDEKİLER:

- 1/4 ila 1/2 bardak meşe palamudu veya balkabağı çekirdeği (miktarı kabak boyutuna göre değişir)
- 2 yemek kaşığı düşük sodyumlu tamari veya düşük sodyumlu soya sosu
- 1/4 çay kaşığı beyaz biber veya taze çekilmiş karabiber

TALİMATLAR:

a) Kabak tohumlarını iyice durulayın, tüm ipleri veya kabak parçalarını çıkarın. Bunları küçük bir kaseye veya ölçüm kabına aktarın. Tamariyi tohumların üzerine dökün ve 30 dakika marine etmelerini bekleyin.

b) Tohumları boşaltın (ancak durulamayın).

c) Hava fritözünü 3 dakika boyunca 390°F'ye önceden ısıtın. Tohumları fritöz sepetine aktarın ve üzerine beyaz biber serpin. Pişirme süresinin yarısında sallayarak 390°F'de 6 dakika pişirin.

ç) Tohumları hemen yiyin veya 3 gün boyunca hava geçirmez bir kapta saklayın.

40.Soğan halkaları

İÇİNDEKİLER:
- 1/4 inç kalınlığında dilimler halinde kesilmiş 1 büyük soğan
- 1 su bardağı ağartılmamış çok amaçlı un
- 1/4 su bardağı nohut unu
- 1 çay kaşığı kabartma tozu
- 1 çay kaşığı deniz tuzu
- 1/2 bardak aquafaba veya vegan yumurta yerine
- 1 bardak soya sütü
- 3/4 bardak panko ekmek kırıntısı

TALİMATLAR:
a) Hava fritözünü 5 dakika boyunca 360°F'ye önceden ısıtın. Soğan dilimlerini halkalara ayırın.
b) Çok amaçlı un, nohut unu, kabartma tozu ve tuzu küçük bir kasede birleştirin.
c) Soğan dilimlerini iyice kaplanana kadar un karışımına batırın. Bir kenara koyun.
ç) Aquafaba ve sütü kalan un karışımına çırpın. Unlanmış soğan halkalarını kaplamak için hamura batırın.
d) Panko ekmek kırıntılarını bir tabağa veya sığ bir tabağa yayın ve halkaları kırıntıların içine iyice kaplayacak şekilde yerleştirin.
e) Soğan halkalarını tek kat halinde fritöze yerleştirin ve pişirme süresinin yarısında sallayarak 360°F sıcaklıkta 7 dakika pişirin. Daha küçük bir fritözünüz varsa, gruplar halinde pişirmeniz gerekebilir.

41.Akçaağaç Balkabağı

İÇİNDEKİLER:
- 1 büyük balkabağı, soyulmuş, yarıya bölünmüş, tohumlanmış ve 1 inçlik parçalar halinde kesilmiş
- 1 çay kaşığı sızma zeytinyağı veya kanola yağı
- 2 yemek kaşığı akçaağaç şurubu
- 1 çay kaşığı öğütülmüş tarçın
- 1/2 çay kaşığı öğütülmüş kakule
- 1/2 çay kaşığı kurutulmuş kekik
- 1/2 çay kaşığı deniz tuzu

TALİMATLAR:
a) Hava fritözünü 390°F'ye önceden ısıtın. Kabağı geniş bir karıştırma kabına yerleştirin. Yağı, akçaağaç şurubunu, tarçını, kakuleyi, kekiği ve tuzu ekleyin ve kabağı kaplayacak şekilde fırlatın.

b) Kabağı hava fritözü sepetine aktarın. 20 dakika kadar veya pişene kadar, pişirme süresinin yarısında sallayarak pişirin.

42. Kale Cips

İÇİNDEKİLER:

- 8 su bardağı saplı lahana
- 1 çay kaşığı kanola yağı veya sızma zeytinyağı
- 1 çay kaşığı pirinç sirkesi
- 1 çay kaşığı soya sosu
- 2 yemek kaşığı besin mayası

TALİMATLAR:

a) Lahanayı yıkayıp süzün. Büyük bir kaseye aktarın. Lahanayı 2 inçlik parçalara ayırın. Güçlü basınçlı hava kullanan bazı hava fritözleri lahanayı ısıtma elemanının içine çekebileceğinden çok küçük parçaları yırtmaktan kaçının.

b) Kaseye yağı, sirkeyi, soya sosunu ve besin mayasını ekleyin. Ellerinizi kullanarak tüm malzemeleri lahananın içine yaklaşık 2 dakika kadar masaj yapın.

c) Lahanayı hava fritözü sepetine aktarın. 360°F'de 5 dakika pişirin. Sepeti sallayın. Isıyı 390°F'ye yükseltin ve 5 ila 7 dakika daha pişirin.

43.Kızarmış yeşil domatesler

İÇİNDEKİLER:
- 1/2 su bardağı patates nişastası
- 1 su bardağı soya unu, bölünmüş
- 1/4 bardak soya sütü
- 2 yemek kaşığı besin mayası
- 1/2 ila 1 çay kaşığı acı sos
- 1/4 su bardağı badem unu
- 1/4 bardak panko ekmek kırıntısı
- 1 çay kaşığı füme kırmızı biber
- 1 çay kaşığı deniz tuzu
- 1/4 çay kaşığı karabiber
- 1/2-inç kalınlığında dilimler halinde kesilmiş 2 büyük yeşil veya yadigarı domates
- 2 ila 4 sprey kanola yağı

TALİMATLAR:
a) Sığ bir tabakta patates nişastasını ve 1/2 bardak soya ununu birleştirin.
b) İkinci bir sığ tabakta sütü, besin mayayı ve acı sosu birleştirin.
c) Üçüncü bir sığ tabakta kalan 1/2 bardak soya unu, badem unu, panko ekmeği kırıntıları, füme kırmızı biber, tuz ve karabiberi birleştirin.
ç) Domatesleri patates nişastası karışımına bulayın. Fazla nişastayı silkeleyin ve ardından domatesleri kaplayacak şekilde süt karışımına batırın. Fazla sütü silkeleyin ve ardından domatesleri terbiyeli soya unu karışımına bulayın.
d) Hava fritözü sepetine yağ püskürtün. Hava fritözü sepetine mümkün olduğu kadar çok domates koyun. Domateslerin üstünü daha fazla yağla yağlayın.
e) 320°F'de 3 dakika pişirin. Hava fritözü sepetini yavaşça sallayın. Isıyı 400°F'ye yükseltin ve 2 dakika daha pişirin.

44.patlıcan Parmesan

İÇİNDEKİLER:
- 1 orta boy patlıcan
- 1/2 bardak ağartılmamış çok amaçlı un
- 1 Keten Yumurtası veya eşdeğeri Kalbinizi Takip Edin VeganEgg veya Ener-G Yumurta Değiştirici
- 1 1/2 bardak panko ekmek kırıntısı
- 2 ila 4 spritz sızma zeytinyağı
- 1/2 bardak marinara sosu
- 1/2 bardak rendelenmiş süt içermeyen Parmesan peyniri

TALİMATLAR:
a) Patlıcanı yıkayıp kurulayın. Patlıcanı 8 (1/2 inç kalınlığında) tur yaparak dilimleyin.
b) İlkinde un, ikincisinde keten yumurtası ve üçüncüsünde panko ekmeği kırıntıları olacak şekilde üç sığ kase kullanarak üç parçalı bir tarama istasyonu kurun. Hava fritözü sepetine yağ püskürtün.
c) Bir patlıcanı unun içine yuvarlayın ve iyice kaplayın. Patlıcanın yuvarlak kısmını keten yumurtasına batırın ve ardından panko ekmek kırıntılarına bulayın. Fazla ekmek kırıntılarını silkeleyin ve patlıcanı yuvarlak olarak fritöz sepetine yerleştirin. Bu işlemi daha fazla patlıcan turuyla tekrarlayın. Raf aksesuarınız varsa, hava fritözü sepetine yerleştirin ve kalan patlıcan yuvarlaklarını kaplamaya devam ederek rafa yerleştirin. Daha küçük bir hava fritözünüz varsa veya ikinci bir pişirme seviyesi eklemek için rafınız yoksa patlıcan turlarını 2 veya 3 parti halinde havayla kızartın. Her patlıcanın üst kısmına zeytinyağı sürün. Altın kahverengi olana kadar 12 dakika boyunca 360°F'de pişirin.
ç) Marinara sosunu küçük bir tencerede orta ateşte ısıtın.
d) 12 dakika sonra fritözü açın ve her patlıcan turuna 1 çorba kaşığı peynir ekleyip 2 dakika daha pişirin. Servis için küçük bir tabağa kişi başı 3 patlıcan turu koyun. Patlıcanın üzerine 2 yemek kaşığı marinara sosunu dökün.

45.Karışık Sebzeli Börek

İÇİNDEKİLER:
- 3 yemek kaşığı öğütülmüş keten tohumu
- 1/2 su bardağı su
- 2 orta boy patates
- 2 su bardağı dondurulmuş karışık sebze (havuç, bezelye ve mısır), çözülmüş ve süzülmüş
- 1 su bardağı dondurulmuş bezelye, çözülmüş ve süzülmüş
- 1/2 su bardağı iri doğranmış soğan
- 1/4 su bardağı ince doğranmış taze kişniş
- 1/2 bardak ağartılmamış çok amaçlı un
- 1/2 çay kaşığı deniz tuzu
- Spritzing için sızma zeytinyağı

TALİMATLAR:
a) Küçük bir kapta, keten tohumunu ve suyu bir çatal veya küçük bir çırpma teli ile karıştırarak keten yumurtası yapın.
b) Patatesleri soyun ve bir kaseye rendeleyin. (Ya da rende bıçağını mutfak robotunda kullanın; rendelediğiniz patatesleri tekrar kaseye aktarın.) Karışık sebzeleri ve soğanı patateslerin üzerine ekleyin. Kişniş ve keten yumurtasını ekleyin ve birleştirmek için karıştırın. Unu ve tuzu ekleyip iyice harmanlayın. Hava fritözünü 3 dakika boyunca 360°F'ye önceden ısıtın.
c) Bir köfte oluşturmak için patates karışımının 1/3 fincanını çıkarın. Karışımın tamamı börek köftesi yapmak için kullanılıncaya kadar bu işlemi tekrarlayın.
ç) Börekleri yağla yağlayın. Börekleri hava fritözü sepetine aktarın (hava fritözünüzün boyutuna bağlı olarak birkaç parti yapmanız gerekebilir). Börekleri, pişirme süresinin yarısında çevirerek 15 dakika pişirin.

46.Peynirli Patates Dilimleri

İÇİNDEKİLER:

PATATES
- 1 kiloluk parmak patates
- 1 çay kaşığı sızma zeytinyağı
- 1 çay kaşığı koşer tuzu
- 1 çay kaşığı öğütülmüş karabiber
- 1/2 çay kaşığı sarımsak tozu

PEYNİR SOSU
- 1/2 bardak çiğ kaju fıstığı
- 1/2 çay kaşığı öğütülmüş zerdeçal
- 1/2 çay kaşığı kırmızı biber
- 2 yemek kaşığı besin mayası
- 1 çay kaşığı taze limon suyu
- 2 yemek kaşığı ila 1/4 bardak su

TALİMATLAR:

a) Patates: Hava fritözünü 3 dakika boyunca 400°F'ye önceden ısıtın. Patatesleri yıkayın. Patatesleri uzunlamasına ikiye bölüp geniş bir kaseye aktarın. Patateslere yağı, tuzu, karabiberi ve sarımsak tozunu ekleyin. Ceketini fırlat. Patatesleri hava fritözüne aktarın. Pişirme süresinin yarısında sallayarak 16 dakika pişirin.

b) Peynir Sosu: Kaju fıstığı, zerdeçal, kırmızı biber, besin mayası ve limon suyunu yüksek hızlı bir karıştırıcıda birleştirin. Düşük devirde karıştırın, hızı yavaşça artırın ve gerektiği kadar su ekleyin. Yoğun, peynirli bir kıvam istediğiniz için çok fazla su kullanmamaya dikkat edin.

c) Pişmiş patatesleri hava fritözüne uygun bir tavaya veya bir parça parşömen kağıdına aktarın. Peynir sosunu patates dilimlerinin üzerine gezdirin. Tavayı hava fritözüne yerleştirin ve 400°F sıcaklıkta 2 dakika daha pişirin.

47. Hasselback Patates

İÇİNDEKİLER:

- 2 orta boy patates
- 2 damla sızma zeytinyağı
- 1/4 çay kaşığı deniz tuzu
- 2 tutam karabiber
- 1 çay kaşığı kıyılmış sarımsak

TALİMATLAR:

a) Patatesleri iyice yıkayın. Patatesleri kesmek için, büyük bir kaşığa en düz tarafları üzerine koyun (tamamen dilimlemenizi önlemek için). Keskin bir bıçakla üstten aşağıya doğru bıçakla dilimleyin. Servis: kaşıkla temas ettirin. Patateslerin arasında 1/8 inçlik dilimler yapın.

b) Patateslere yağ sürün (veya sebze suyuyla fırçalayın) ve her birinin üzerine tuzun yarısını ve bir tutam karabiber serpin. Patatesleri hava fritözüne yerleştirin ve 390°F sıcaklıkta 20 dakika pişirin.

c) Sepeti fritözden çıkarın ve her patatesin dilimleri arasına 1/2 çay kaşığı sarımsak bastırın. Patatesleri hava fritözüne geri koyun ve 15 ila 20 dakika daha pişirin. (Toplam pişirme süresi yaklaşık 35 ila 40 dakika olmalıdır; büyük patatesler kullanılıyorsa daha uzun olmalıdır.)

48.Poutin

İÇİNDEKİLER:

- 3 orta boy patates, 1/4 inçlik dilimler halinde kesilmiş ve tekrar 1/4 inçlik şeritler halinde kesilmiş
- 1 çay kaşığı fıstık yağı veya kanola yağı
- 2 su bardağı Mantar Beyaz Fasulye Sosu veya Pasifik veya Imagine marka mantar sosu
- 1/2 bardak iri kıyılmış Daiya Jalapeño Havarti Stili Çiftlik Evi Blok peyniri veya Kalbinizi Takip Edin rendelenmiş Parmesan peyniri

TALİMATLAR:

a) Patates kızartmasını soğuk suyla durulayın. 20 dakika bekletin. Patatesleri durulayın, boşaltın ve bir kağıt havluyla kurulayın. Kızartmaları geniş bir kaseye aktarın ve fıstık yağıyla karıştırın.

b) Kızartmaları hava fritözü sepetine yerleştirin ve pişirme süresinin yarısında sallayarak 390°F sıcaklıkta 20 dakika pişirin.

c) Patatesler pişerken sosunu hazırlayın.

ç) Patatesler tamamen pişince 4 servis tabağına dizin. Her porsiyonun üzerine 2 yemek kaşığı peynir serpin ve ardından 1/2 bardak sos dökün.

49.Tatlı patates kızartması

İÇİNDEKİLER:
- 2 büyük beyaz tatlı patates, 1/4 inçlik dilimler halinde kesilmiş ve tekrar 1/4 inçlik şeritler halinde kesilmiş
- 1/4 bardak koyu vegan birası
- 1 çay kaşığı kırmızı miso
- 1 çay kaşığı kanola yağı
- 1 yemek kaşığı açık kahverengi şeker
- 1 çay kaşığı öğütülmüş tarçın
- 1/2 çay kaşığı öğütülmüş kimyon
- 1/2 çay kaşığı deniz tuzu

TALİMATLAR:
a) Kızartmaları soğuk suyla durulayın. Patatesleri geniş bir kaseye aktarın. Küçük bir kapta birayı, misoyu ve yağı birlikte çırpın. Bira karışımını patates kızartmasının üzerine gezdirin, iyice karıştırın ve 20 dakika bekletin.

b) Kızartmaları boşaltın ve kaseye geri koyun. Patateslerin üzerine esmer şekeri, tarçını, kimyonu ve tuzu serpin. İyice kaplanana kadar fırlatın.

c) Kızartmaları altın kahverengi olana kadar 320°F sıcaklıkta 15 ila 20 dakika pişirin.

50.Umami Kızartması

İÇİNDEKİLER:

- 2 büyük kırmızı patates, temizlenmiş
- 1/4 su bardağı sıcak su
- 1 yemek kaşığı Marmite veya Vegemite
- 1 yemek kaşığı elma sirkesi
- Patatesleri 1/4 inçlik dilimler halinde kesin, ardından dilimleri 1/4 inçlik şeritler halinde kesin.

TALİMATLAR:

a) Kızartmaları sığ bir fırın tepsisine veya kenarlı bir fırın tepsisine aktarın.
b) Suyu bir karıştırıcıya dökün.
c) Blenderi düşük seviyeye getirin ve yavaşça Marmite'yi dökün.
ç) Sirkeyi ekleyin, blenderin hızını en yükseğe çıkarın ve birkaç saniye karıştırın. Marmite karışımını patates kızartmasının üzerine dökün. Kızartmaları maşayla atın veya patates kızartmasının marine ile kaplandığından emin olmak için ellerinizi kullanın.
d) Örtün ve yaklaşık 15 dakika bekletin.
e) Hava fritözünü 3 dakika boyunca 360°F'ye önceden ısıtın. Kızartmaları boşaltın ve hava fritözüne aktarın.
f) Pişirme süresinin yarısında sallayarak 16 ila 20 dakika boyunca 360°F'ta pişirin.

ANA DİL

51.Portakallı Gremolatalı Pancar

İÇİNDEKİLER:

- 3 orta boy taze altın pancar (yaklaşık 1 pound)
- 3 orta boy taze pancar (yaklaşık 1 pound)
- 2 yemek kaşığı limon suyu
- 2 yemek kaşığı portakal suyu
- 1/2 çay kaşığı ince deniz tuzu
- 1 yemek kaşığı kıyılmış taze maydanoz
- 1 yemek kaşığı kıyılmış taze adaçayı
- 1 diş sarımsak, kıyılmış
- 1 çay kaşığı rendelenmiş portakal kabuğu rendesi
- 2 yemek kaşığı ayçiçeği çekirdeği

TALİMATLAR:

a) Hava fritözünü 400°'ye önceden ısıtın.

b) Pancarları fırçalayın ve üst kısımlarını 1 inç kadar kesin. Pancarları çift kalınlıkta ağır hizmet tipi folyoya (yaklaşık 24x12 inç) yerleştirin. Folyoyu pancarların etrafına katlayın ve sıkıca kapatın.

c) Hava fritöz sepetindeki bir tepsiye tek kat halinde yerleştirin. Yumuşayana kadar pişirin, 4555 dakika. Buharın çıkmasını sağlamak için folyoyu dikkatlice açın.

ç) Pancarları tutacak kadar soğuduğunda soyun, ikiye bölün ve dilimleyin; servis kasesine yerleştirin. Limon suyu, portakal suyu ve tuzu ekleyin; ceketine fırlat. Maydanoz, adaçayı, sarımsak ve portakal kabuğu rendesini birleştirin; pancarların üzerine serpin. Ayçiçeği çekirdeklerini üstüne serpin. Sıcak veya soğutulmuş olarak servis yapın.

52.Balzamik Ispanaklı Somon

İÇİNDEKİLER:
- 3 çay kaşığı zeytinyağı, bölünmüş
- 4 somon filetosu (her biri 6 ons)
- 11/2 çay kaşığı sodyumu azaltılmış deniz ürünleri baharatı
- 1/4 çay kaşığı biber
- 1 diş sarımsak, dilimlenmiş
- Dash ezilmiş kırmızı biber gevreği
- 10 bardak taze bebek ıspanak (yaklaşık 10 ons)
- 6 küçük domates, tohumlanmış ve 1/2 inç halinde kesilmiş. parçalar
- 1/2 bardak balzamik sirke

TALİMATLAR:
a) Hava fritözünü 450°'ye önceden ısıtın. Somonun her iki tarafına da 1 çay kaşığı yağ sürün; deniz ürünleri baharatı ve karabiber serpin.

b) Gerekirse somonu gruplar halinde, hava fritöz sepetindeki yağlanmış bir tepsiye yerleştirin. Balıklar çatalla kolayca pul pul olmaya başlayıncaya kadar pişirin, 1012 dakika.

c) Bu arada kalan yağı, sarımsağı ve pul biberi 6qt'lik bir tencereye koyun. depo; 34 dakika boyunca sarımsak yumuşayana kadar orta-düşük ateşte ısıtın. Isıyı orta-yüksek seviyeye yükseltin.

ç) Ispanak ekleyin; 34 dakika kadar pişirin ve solana kadar karıştırın. Domatesleri karıştırın; içinden ısıtın. 4 servis tabağına paylaştırın.

d) Küçük bir tencerede sirkeyi kaynatın. Sirke yarı yarıya azalıncaya kadar 23 dakika pişirin. Derhal ateşten alın.

e) Servis yapmak için somonu ıspanak karışımının üzerine koyun. Balzamik sırla gezdirin.

53. Sarımsak-Otlu Kızartılmış Patty Tava Kabak

İÇİNDEKİLER:

- 5 su bardağı yarıya bölünmüş küçük patty-pan kabak (yaklaşık 11/4 pound)
- 1 yemek kaşığı zeytinyağı
- 2 diş sarımsak, kıyılmış
- 1/2 çay kaşığı tuz
- 1/4 çay kaşığı kurutulmuş kekik
- 1/4 çay kaşığı kurutulmuş kekik
- 1/4 çay kaşığı biber
- 1 yemek kaşığı kıyılmış taze maydanoz

TALİMATLAR:

a) Hava fritözünü 375°'ye önceden ısıtın. Kabağı geniş bir kaseye yerleştirin. Yağ, sarımsak, tuz, kekik, kekik ve karabiberi karıştırın; kabakların üzerine gezdirin.

b) Ceketini fırlat. Balkabağını hava fritöz sepetindeki yağlanmış bir tepsiye yerleştirin. Ara sıra karıştırarak yumuşayana kadar 1015 dakika pişirin.

c) Maydanoz serpin.

54.Mantarlı Biftek

İÇİNDEKİLER:
- 4 büyük Portobello mantarı
- 23 yemek kaşığı zeytinyağı
- 2 çay kaşığı tamari soya sosu
- 1 çay kaşığı sarımsak püresi
- tatmak için tuz

TALİMATLAR:
a) Hava Fritözünü 350F / 180C'ye önceden ısıtın.
b) Mantarları nemli bir bez veya fırçayla temizleyip saplarını çıkarın.
c) Zeytinyağı, tamari soya sosu, sarımsak püresi ve tuzu bir kasede karıştırın.
ç) Mantarları ekleyin ve kaplanana kadar karıştırın. Mantarları karışımla kaplamak için bir fırça da kullanabilirsiniz. Hemen pişirebilir veya mantarları pişirmeden önce 10 dakika dinlendirebilirsiniz.
d) Mantarları fritöz sepetine ekleyin ve 810 dakika pişirin.
e) Sarımsaklı Hava Fritöz Mantarlarını biraz salata yeşillikleriyle birlikte servis edin.

55.Mantarlı Beyaz Fasulye Sosu

İÇİNDEKİLER:
- 1/4 bardak süt içermeyen tereyağı
- 3 diş sarımsak, iri kıyılmış
- 1/2 su bardağı iri doğranmış sarı soğan
- 1 su bardağı iri doğranmış shiitake mantarı
- 1/8 çay kaşığı kurutulmuş adaçayı
- 1/8 çay kaşığı kurutulmuş biberiye
- 1/8 çay kaşığı öğütülmüş karabiber
- 1 1/4 su bardağı sebze suyu
- 1/4 bardak düşük sodyum soya sosu
- 1 (15 ons) kutu beyaz fasulye, süzülmüş ve durulanmış
- 1/8 ila 1/4 bardak besleyici maya gevreği

TALİMATLAR:
a) Tereyağını küçük bir tencerede orta-yüksek ateşte ısıtın. Sarımsak ve soğanı ekleyin ve soğan yarı saydam oluncaya kadar soteleyin. Mantarları, adaçayı, biberiyeyi ve biberi ekleyin. İyice karıştırın. Et suyunu ve soya sosunu karıştırın. Karışımı kaynatın.

b) Fasulyeleri ekleyin. Sosu 20 ila 30 saniye veya pürüzsüz hale gelinceye kadar karıştırmak için tencereye daldırmalı bir blender kullanın. Alternatif olarak, sosu bir karıştırıcıya aktarıp pürüzsüz hale gelinceye kadar karıştırabilir, ardından sosu tekrar tencereye koyabilirsiniz.

c) Tencerenin kapağını kapatın, ısıyı orta dereceye düşürün ve ara sıra karıştırarak 5 dakika pişirin. Besleyici mayayı ekleyin, iyice karıştırın, ardından tencerenin kapağını kapatın ve gerektiği kadar karıştırarak 5 dakika daha pişirin.

56. Lahana ve Patates Nuggets

İÇİNDEKİLER:
- 2 su bardağı ince doğranmış patates
- 1 çay kaşığı sızma zeytinyağı veya kanola yağı
- 1 diş sarımsak, kıyılmış
- 4 bardak gevşek paketlenmiş iri kıyılmış lahana
- 1/8 bardak badem sütü
- 1/4 çay kaşığı deniz tuzu
- 1/8 çay kaşığı öğütülmüş karabiber
- Gerektiğinde bitkisel yağ spreyi

TALİMATLAR:
a) Patatesleri büyük bir tencerede kaynar suya ekleyin. İhale edilene kadar yaklaşık 30 dakika pişirin.
b) Büyük bir tavada yağı orta-yüksek ateşte ısıtın. Sarımsakları ekleyin ve altın kahverengi olana kadar soteleyin. Lahanayı ekleyin ve 2 ila 3 dakika soteleyin. Büyük bir kaseye aktarın.
c) Haşlanan patatesleri süzüp orta boy bir kaseye aktarın. Sütü, tuzu ve karabiberi ekleyip çatal veya patates eziciyle ezin. Patatesleri büyük kaseye aktarın ve pişmiş lahana ile birleştirin.
ç) Hava fritözünü 5 dakika boyunca 390°F'ye önceden ısıtın.
d) Patates ve lahana karışımını 1 inçlik külçelere yuvarlayın. Hava fritözü sepetine bitkisel yağ püskürtün. Külçeleri hava fritözüne yerleştirin ve 6 dakikada sallayarak altın kahverengi olana kadar 12 ila 15 dakika pişirin.

57.Temel Havada Kızartılmış Tofu

İÇİNDEKİLER:

- 1 (14 ons) paket ekstra sert tofu, dondurulmuş, çözülmüş, süzülmüş ve preslenmiş
- 1 çay kaşığı susam yağı
- 1/4 bardak düşük sodyum soya sosu veya tamari
- 2 yemek kaşığı pirinç sirkesi
- 2 çay kaşığı öğütülmüş zencefil, bölünmüş
- 2 çay kaşığı mısır nişastası veya patates nişastası
- 1 çay kaşığı nohut unu veya esmer pirinç unu

TALİMATLAR:

a) Tofu bloğunu 12 küp halinde kesin ve bunları hava geçirmez bir kaba aktarın.

b) Küçük bir kapta yağı, soya sosunu, sirkeyi ve 1 çay kaşığı zencefili çırpın. Yağ karışımını kuşbaşı tofunun üzerine dökün, kabı kapatın ve en az 1 saat (ideal olarak 8 saat) marine edilmesi için buzdolabına koyun.

c) Marine edilmiş tofuyu boşaltın ve orta boy bir kaseye aktarın. Küçük bir kapta mısır nişastasını, nohut ununu ve kalan 1 çay kaşığı zencefili birleştirin. Mısır nişastası karışımını süzülmüş tofu üzerine serpin ve maşayla yavaşça fırlatıp tüm tofu parçalarını kaplayın.

ç) Tofuyu hava fritözüne aktarın. 350°F'de 20 dakika pişirin. 10 dakikada çalkalayın.

58.Moğol Tofu

İÇİNDEKİLER:

- Temel Havada Kızartılmış Tofu
- 1/4 bardak düşük sodyum soya sosu
- 1/4 su bardağı su
- 1/8 su bardağı şeker
- 3 diş sarımsak, kıyılmış
- 1/4 çay kaşığı öğütülmüş zencefil

TALİMATLAR:

a) Tofu fritözde pişerken soya sosu, su, şeker, sarımsak ve zencefili bir tencerede orta-yüksek ateşte birleştirin. Karışımı hafif bir kaynamaya getirin, ardından hemen ısıyı en aza indirin ve ara sıra karıştırarak pişirin.

b) Tofu hazır olduğunda tencereye aktarın ve tüm küpler kaplanana kadar tofuyu yavaşça sosun içine katlayın. Kapağı kapatın ve yaklaşık 5 dakika (veya tofu sosu emene kadar) kısık ateşte pişirin.

59.Susam Kabuklu Tofu

İÇİNDEKİLER:

- 1 (14 ons) paket ekstra sert tofu, dondurulmuş, çözülmüş, süzülmüş ve preslenmiş
- 1/4 bardak tamari veya soya sosu
- 1/8 bardak pirinç sirkesi
- 1/8 bardak mirin (nota bakın)
- 2 çay kaşığı susam yağı
- 2 çay kaşığı açık veya koyu agav şurubu veya vegan bal
- 2 çay kaşığı kıyılmış sarımsak
- 1 çay kaşığı rendelenmiş taze zencefil
- 1 ila 2 sprey kanola yağı
- 2 yemek kaşığı siyah susam
- 2 yemek kaşığı beyaz susam
- 1 çay kaşığı patates nişastası

TALİMATLAR:

a) Tofu'yu, soya peyniri bloğu büyüklüğünde, hava geçirmez bir kaba yerleştirin, böylece marinat onu tamamen kaplayacaktır. Küçük bir kapta tamari, sirke, mirin, susam yağı, agav, sarımsak ve zencefili birleştirin. Marinayı tofunun üzerine dökün, kabı kapatın ve 1 ila 8 saat buzdolabında saklayın (ne kadar uzun olursa o kadar iyi).

b) Tofuyu kaptan çıkarın ve uzunlamasına ikiye bölün. Daha sonra 4 tofu bifteği oluşturmak için her yarımı uzunlamasına ikiye bölün. Her parçanın her iki tarafını da turşuya sürün.

c) Hava fritözü sepetine kanola yağı serpin. Hava fritözünü 3 dakika boyunca 390°F'ye önceden ısıtın.

ç) Geniş bir tabağa siyah susam, beyaz susam ve patates nişastasını serpin. İyi birleştirin. Tofu bifteğini tohumların içine bastırın, ters çevirin ve tofunun diğer tarafını tohumların içine bastırın. Tofu'yu fritöz sepetine yerleştirin ve tohumları tofunun üzerine hafifçe vurarak yerine yerleştirin. Gerekirse daha fazla tohum ekleyin ve bunları tofuya hafifçe vurun. Tofu dilimini tabağa bir kenara koyun.

d) Tofunun üstüne ilave kanola yağı serpin. 15 dakika boyunca 390°F'de pişirin. Yaklaşık 7 dakika sonra, tofunun yapışmadığını kontrol etmek için maşayı yavaşça kullanın. (Tofuyu çevirmeyin!)

60.Sambal Goreng Tempeh

İÇİNDEKİLER:
- 8 ons tempeh, 12 eşit küp halinde kesilmiş
- 2 bardak ılık su
- 2 çay kaşığı deniz tuzu
- 1/2 çay kaşığı öğütülmüş zerdeçal
- 1 çay kaşığı kanola yağı veya avokado yağı
- 2 çay kaşığı Tofuna Fysh Sos veya 1 çay kaşığı düşük sodyumlu soya sosu
- 1/4 çay kaşığı dulse gevreği ile karıştırıldı
- 4 diş sarımsak
- 1/2 su bardağı ince doğranmış soğan
- 1 çay kaşığı biber salçası
- 1 çay kaşığı demirhindi ezmesi
- 2 yemek kaşığı domates salçası
- 2 yemek kaşığı su
- 2 çay kaşığı ponzu sosu

TALİMATLAR:
a) Tempeh'i orta boy bir kaseye yerleştirin. Orta boy bir kapta ılık su ve tuzu karıştırın ve tempeh'in üzerine dökün. Tempeh'in 5 ila 10 dakika bekletin.

b) Tempeh'i boşaltın ve kaseye geri koyun. Zerdeçal, yağ ve Tofuna Fysh Sosunu ekleyin ve iyice kaplayacak şekilde maşayla karıştırın.

c) Tempeh küplerini hava fritözü sepetine aktarın. 320°F'de 10 dakika pişirin. Hava fritöz sepetini sallayın, ısıyı 400°F'a yükseltin ve 5 dakika daha pişirin.

ç) Tempeh hava fritözündeyken sarımsak, soğan, biber sarımsak salçası, demirhindi salçası, domates salçası, su ve ponzu sosunu bir mutfak robotunda birleştirin ve 20 ila 30 saniye boyunca nabız atın. Bu karışımı orta boy bir tencereye aktarın ve orta-yüksek ateşte hızla kaynatın. Sosu örtün, ısıyı en aza indirin ve 10 dakika pişirin.

d) Pişmiş tempeh'i tencereye aktarın ve her parçayı iyice kaplayacak şekilde bir kaşık veya maşayla sosun içine atın. Kapağını kapatıp 5 dakika kadar kısık ateşte pişirin.

61.Tempeh kebapları

İÇİNDEKİLER:
- 8 ons tempeh
- 3/4 su bardağı düşük sodyumlu sebze suyu
- 2 limonun suyu
- 1/4 su bardağı düşük sodyumlu tamari veya soya sosu
- 2 çay kaşığı sızma zeytinyağı
- 1 çay kaşığı akçaağaç şurubu veya koyu agav şurubu
- 2 çay kaşığı öğütülmüş kimyon
- 1 çay kaşığı öğütülmüş zerdeçal
- 1/2 çay kaşığı öğütülmüş karabiber
- 3 diş sarımsak, kıyılmış
- 1 orta boy kırmızı soğan, dörde bölünmüş
- 1 küçük yeşil dolmalık biber, ince dilimlenmiş
- 1 su bardağı dilimlenmiş, sapları ayıklanmış düğme mantarı
- 1 su bardağı ikiye bölünmüş kiraz domates

TALİMATLAR:
a) Tempeh'i ocakta bir tencerede 10 dakika boyunca buharda pişirin. Alternatif olarak tempeh'i bir Hazır Tencerede veya düdüklü tencerede düşük basınçta 1 dakika boyunca buharlayın; hızlı bırakma özelliğini kullanın. Et suyu, limon suyu, tamari, yağ, akçaağaç şurubu, kimyon, zerdeçal, biber ve sarımsağı orta boy bir kapta birleştirin. Bir kenara koyun.

b) Tempeh'i 12 küp halinde kesin. Bunları hava geçirmez bir kaba aktarın. Sebzeleri hava geçirmez ikinci bir kaba yerleştirin. Marinenin yarısını tempeh üzerine, yarısını da sebzelerin üzerine dökün. Her ikisini de örtün ve 2 saat (veya geceye kadar) buzdolabında saklayın. Turşuyu saklayarak tempeh ve sebzeleri boşaltın.

c) Kebap yapmak için her biri sebzelerle dönüşümlü olarak 4 küp tempeh'i bir şişin üzerine geçirin. 3 kebap daha yapmak için bu işlemi tekrarlayın. Kebapları hava fritözü sepetine veya raf aksesuarına yerleştirin. (Daha küçük bir fritöz kullanıyorsanız iki seferde pişirmeniz gerekebilir.) 390°F'de 5 dakika pişirin. Kebapları çevirin ve kalan turşuyu üzerlerine gezdirin. 5 dakika daha pişirin.

62. Fırında Dev Fasulye

İÇİNDEKİLER:

- 1 1/2 su bardağı pişmiş veya konserve tereyağlı fasulye veya büyük Kuzey fasulyesi, durulanmış ve süzülmüş
- 1 çay kaşığı sızma zeytinyağı veya kanola yağı
- 1/8 inç kalınlığında yarım ay dilimleri halinde kesilmiş 1 küçük soğan
- 1 diş sarımsak, kıyılmış
- 1 (8 ons) kutu domates sosu
- 1 yemek kaşığı iri kıyılmış taze maydanoz
- 1/2 çay kaşığı kurutulmuş kekik
- 1/2 çay kaşığı vegan tavuk bulyon granülü veya tuz (isteğe bağlı)
- 1/4 çay kaşığı taze çekilmiş karabiber

TALİMATLAR:

a) Fasulyeleri hava fritözüne uygun bir güveç kabına veya tavaya yerleştirin.

b) Orta-yüksek ateşte orta boy bir tencerede yağı ısıtın. Soğanı ve sarımsağı ekleyip 5 dakika soteleyin. Domates sosu, maydanoz, kekik ve bulyon granüllerini ekleyin. Karışımı kaynatın, tencerenin kapağını kapatın, ısıyı en aza indirin ve 3 dakika pişirin.

c) Hava fritözünü 3 dakika boyunca 360°F'ye önceden ısıtın. Domatesli karışımı fasulyelerin üzerine dökün ve iyice karıştırın. Biberleri fasulyelerin üzerine serpin. Fasulyeleri hava fritözü sepetine yerleştirin. 360°F'de 8 dakika pişirin.

63. Kişisel Pizzalar

İÇİNDEKİLER:
- 4 ons hazırlanmış Pizza Hamuru veya mağazadan satın alınan vegan pizza hamuru
- 2 damla sızma zeytinyağı
- 1/3 bardak pizza sosu
- 1/3 bardak süt ürünü olmayan rendelenmiş mozzarella peyniri, bölünmüş
- 1/8 inç kalınlığında yarım ay dilimleri halinde kesilmiş 1/2 soğan
- 1/4 bardak dilimlenmiş mantar
- 2 ila 3 siyah veya yeşil zeytin, çekirdekleri çıkarılmış ve dilimlenmiş
- 4 taze fesleğen yaprağı

TALİMATLAR:
a) Pizza hamurunu hafifçe unlanmış bir çalışma yüzeyine yerleştirin ve yuvarlayın veya ellerinizle bastırarak açın (uyduğundan emin olmak için hava fritöz sepetinizin boyutunu aklınızda bulundurun). Hamura yağ sürün ve hamuru, yağlı tarafı aşağı bakacak şekilde hava fritöz sepetine yerleştirin. 390°F'de 4 ila 5 dakika pişirin.

b) Hamur önceden pişirildikten sonra fritözü açın (sepet sıcak olduğundan dikkatli olun) ve sosu hamurun üzerine yayın. Peynirin yarısını sosun üzerine serpin. Soğanı, mantarları, zeytinleri ve fesleğeni ekleyin. Kalan peyniri üstlerin üzerine serpin.

c) 390°F'ta 6 dakika (veya çok gevrek bir kabuk için 7 ila 8 dakika) pişirin.

ç) Pizzayı fritözden çıkarmak için bir spatula kullanın.

64. Kızarmış Sosisli Sandviçler

İÇİNDEKİLER:
- 4 vegan sosisli sandviç
- 2 çay kaşığı süt içermeyen tereyağı
- 4 Pretzel Sosisli Sandviç Çöreği veya mağazadan satın alınan vegan sosisli sandviç çöreği

TALİMATLAR:
a) Sosisli sandviçleri tamamen kesmeden uzunlamasına dilimleyin. Sosisli sandviçleri kesik tarafı yukarı bakacak şekilde düz bir şekilde yayın. Her sosisli sandviçin üzerine 1/2 çay kaşığı tereyağı sürün.
b) Sosisli sandviçleri tereyağlı tarafı aşağı bakacak şekilde hava fritözüne yerleştirin. 390°F'de 3 dakika pişirin. Çıkarın ve bir kenara koyun.
c) Sosisli sandviç çöreklerini hava fritözüne yerleştirin ve hafifçe kızartmak için 1 dakika boyunca 400°F'ta ısıtın. Çöreklerdeki sosisli sandviçleri en sevdiğiniz çeşnilerle birlikte servis edin.

65.Mısır Köpekleri

İÇİNDEKİLER:

- 1/2 bardak mısır unu
- 1/2 bardak ağartılmamış çok amaçlı un
- 2 yemek kaşığı toz şeker
- 1 çay kaşığı kabartma tozu
- 1/2 çay kaşığı kırmızı biber
- 1/2 çay kaşığı öğütülmüş hardal
- 1/4 çay kaşığı tuz
- 1/8 çay kaşığı karabiber
- 1/2 su bardağı buzlu soğuk su
- 2 yemek kaşığı Kalbini Takip Et VeganEgg
- 1/2 bardak soya sütü
- 6 vegan sosisli sandviç

TALİMATLAR:

a) Büyük bir kapta mısır unu, un, şeker, kabartma tozu, kırmızı biber, hardal, tuz ve karabiberi birleştirin.

b) Küçük bir kapta suyu ve VeganEgg'i birlikte çırpın. Sütü ekleyin ve iyice birleştirin. Su karışımını yavaşça mısır unu karışımına katlayın ve pürüzsüz bir hamur elde edene kadar çırpın. Hamuru uzun bir cam kavanoza veya içme bardağına dökün. Hava fritözünü 5 dakika boyunca 390°F'ye önceden ısıtın.

c) 6 (3 x 5 inç) parça parşömen kağıdı (her bir hırpalanmış mısır köpeğini yuvarlayacak kadar büyük) yerleştirin.

ç) 1 sosisli sandviçi tahta bir çubuğun üzerine koyun ve hamura batırın.

d) Corn dog'u parşömen kağıt karesinin üzerine yerleştirin ve dövülmüş sosisli sandviçi yuvarlayın. Bu işlemi kalan sosisli sandviçlerle tekrarlayın. Sonuncusu dağınık olabilir; gerekirse bir tabağa koyun ve kalan hamuru kavanozdan kazıyın ve parşömen kağıdına sarmadan önce hamuru sosisli sandviçin üzerine sürün.

e) Sarılı mısır köpeklerini büyük bir dondurucu poşete koyun ve dondurucuya düz bir şekilde koyun. Dondurucuda minimum 2 saat soğutun.

f) Hırpalanmış mısır köpeklerini dondurucudan çıkarın ve ambalajını açın. Hava fritözü sepetinin üzerine bir parça parşömen kağıdı yerleştirin (tabanı kaplayacak kadar ancak sepetin alt kısmının üzerinde fazla kağıt kalmayacak şekilde). Mısır köpeklerini parşömen kağıdına yerleştirin.

g) Hava fritözünün boyutuna bağlı olarak bunu gruplar halinde yapmanız gerekebilir; eğer öyleyse, kalan mısır köpeklerini kullanmaya hazır olana kadar dondurucuda bırakın. 390°F'de 12 dakika pişirin.

66.Fırında Patates Dolması

İÇİNDEKİLER:

- 2 orta boy patates, temizlenmiş
- 1 bardak artık ev yapımı biber veya güveç veya 1 (15 ons) vegan biber veya güveç olabilir
- 1/2 bardak süt ürünü olmayan rendelenmiş çedar veya mozzarella peyniri
- 1/4 bardak süt içermeyen ekşi krema
- 2 yemek kaşığı ince doğranmış frenk soğanı

TALİMATLAR:

a) Patatesleri çatalla delip hava fritözü sepetine dizin. 30 dakika boyunca 390°F'de pişirin.
b) Biberleri ocakta veya mikrodalgada sıcak olana kadar ısıtın.
c) Patatesleri dikkatlice sepetten çıkarın ve tamamen kesmeden uzunlamasına dilimleyin. Her patatesin içine 1/2 bardak acı biberi kaşıkla dökün. Her patatesin üzerine 1/4 bardak peynir ekleyin.
ç) Patatesleri hava fritözüne geri koyun ve 390°F sıcaklıkta 5 ila 10 dakika daha pişirmeye devam edin. Patatesleri bir parça ekşi krema ve frenk soğanı ile servis edin.

67.Kızarmış Yeşil Fasulye ve Pastırma

İÇİNDEKİLER:

- 6 ons Tempeh Pastırma veya mağazadan satın alınan vegan pastırma
- 1 çay kaşığı Vegan Magic veya DIY "Vegan Magic"
- 1 çay kaşığı toz şeker
- 12 ons taze kuru fasulye (Fransız yeşil fasulyesi)

TALİMATLAR:

a) Pastırmayı hava fritözü sepetine yerleştirin. 390°F'de 5 dakika pişirin.
b) Hava fritözüne uygun bir tavada Vegan Magic'i ve şekeri birleştirin. Fasulyeleri ekleyin ve maşayla fırlatıp Vegan Magic karışımıyla kaplayın.
c) Pastırmayı hava fritözü sepetinden çıkarın. Pastırmayı dikkatlice doğrayın. Pastırmayı tavaya ekleyin ve kuru fasulyelerle birlikte atın.
ç) 390°F'de 4 dakika pişirin.

68. fırınlanmış spagetti

İÇİNDEKİLER:
- 4 ons ince spagetti
- 1 çay kaşığı sızma zeytinyağı
- 8 ons vegan sığır eti parçalanmış
- 1/4 su bardağı ince doğranmış soğan
- 2 diş sarımsak, kıyılmış
- 1 çay kaşığı kurutulmuş kekik
- 1 çay kaşığı kurutulmuş fesleğen
- 1 ila 2 spritz sızma zeytinyağı
- 1 (15 ons) kavanoz marinara sosu
- 1 su bardağı süt içermeyen rendelenmiş mozzarella peyniri

TALİMATLAR:
a) Spagettiyi büyük bir tencerede kaynar su içinde al dente olana kadar yaklaşık 8 dakika pişirin. Drenaj yapın ve bir kenara koyun.
b) Yağı büyük bir tavada düşük ateşte ısıtın. Ufalanmış parçaları, soğanı, sarımsağı, kekik ve fesleğeni ekleyin. Parçalar ısıtılıncaya kadar 5 ila 7 dakika soteleyin.
c) Hava fritözüne sığan, hava fritözüne uygun bir tabağa yağı püskürtün. Spagettinin yarısını tabağa aktarın. Ufalananların yarısını, marinara sosunun yarısını ve peynirin yarısını ekleyin. Kalan spagettiyi, kalan kırıntıları, bir kat daha marinara sosunu ve kalan peyniri ekleyin. 350°F'de 15 dakika pişirin.

69.Etli Toplar

İÇİNDEKİLER:

- 1/2 bardak kuru TVP
- 1/2 su bardağı sebze suyu
- 1 1/2 su bardağı pişmiş (veya konserve) cannellini fasulyesi, süzülmüş ve durulanmış
- 1/4 bardak öğütülmüş keten tohumu
- 2 yemek kaşığı susam
- 2 yemek kaşığı nohut unu
- 1 çay kaşığı deniz tuzu
- 2 yemek kaşığı besin mayası
- 1 çay kaşığı kurutulmuş fesleğen
- 1 çay kaşığı kurutulmuş kekik
- 1 çay kaşığı acı sos
- 1 ila 2 sprey kanola yağı

TALİMATLAR:

a) TVP'yi orta boy bir kaseye yerleştirin ve üzerine suyu dökün. TVP'nin 10 dakika boyunca yeniden nemlendirilmesine izin verin. TVP'yi bir mutfak robotuna aktarın ve fasulye, keten tohumu, susam tohumu, un, tuz, besin mayası, fesleğen, kekik ve acı sosu ekleyin. Malzemeler hamur benzeri bir kıvam elde edene kadar nabız atın.

b) TVP karışımından yaklaşık 2 yemek kaşığı alıp avuçlarınızda yuvarlayarak köfte oluşturun.

c) Hava fritözü sepetine yağ püskürtün. Köfteleri sepete yerleştirin (hava fritözünüzün boyutuna bağlı olarak birden fazla parti pişirmeniz gerekebilir).

ç) Pişirme süresinin yarısında sallayarak 10 ila 12 dakika boyunca 360°F'ta pişirin.

70. Fırında Chick'n-Style Seitan

İÇİNDEKİLER:

- 1 su bardağı Kuru Seitan Karışımı
- 3/4 su bardağı vegan tavuk suyu
- 1 yemek kaşığı düşük sodyumlu tamari
- 1/2 çay kaşığı kanola yağı
- 1/2 çay kaşığı çörek otu pekmezi
- 1 ila 2 sprey bitkisel yağ spreyi

TALİMATLAR:

a) Kuru seitan karışımını bir stand mikser kasesine dökün.
b) Küçük bir kapta et suyu, tamari, kanola yağı ve pekmezi birleştirin.
c) Stand mikserine hamur kancasını takın ve mikseri düşük konuma getirin. Et suyu karışımını yavaş yavaş kuru seitan karışımına ekleyin. Stand mikserinin hızını arttırın ve seitanı 5 dakika yoğurun.
ç) 7 inçlik bir fırın tepsisini 1 ila 2 spritz bitkisel yağla yağlayın. Seitanı tavaya bastırın. (Bu, hava fritözünüz için çok büyükse, uygun büyüklükte, fırına dayanıklı bir tava bulun. Seitanı iki seferde pişirmeniz gerekebilir.) Fırın tepsisini folyoyla örtün.
d) Tavayı hava fritözüne yerleştirin. 350°F'de 10 dakika pişirin. Tavayı fritözden çıkarın, kapağını açın, seitanı bir spatula ile çevirin ve tavayı tekrar kapatın. 10 dakika daha uzun süre pişirin.

71.Kuru Seitan Karışımı

İÇİNDEKİLER:
- 3 bardak hayati buğday gluteni
- 1/2 su bardağı nohut unu
- 1/4 bardak besin mayası
- 4 çay kaşığı vegan tavuk baharatı
- 1 çay kaşığı sarımsak tozu
- 1 çay kaşığı taze çekilmiş karabiber

TALİMATLAR:
a) Gluten, un, besin mayası, tavuk baharatı, sarımsak tozu ve biberi geniş bir kapta birleştirin.
b) Karışımı büyük bir cam kavanoz gibi hava geçirmez bir kaba aktarın ve 3 aya kadar buzdolabında saklayın.

72.Piliç Kızarmış Biftek

İÇİNDEKİLER:
- 1 su bardağı Kuru Seitan Karışımı
- 3/4 su bardağı vegan tavuk suyu
- 1 yemek kaşığı düşük sodyumlu tamari
- 1/2 çay kaşığı kanola yağı
- 1/2 çay kaşığı çörek otu pekmezi
- 1 ila 2 sprey bitkisel yağ
- 1/2 bardak soya sütü veya diğer süt ürünü olmayan süt
- 3 yemek kaşığı barbekü sosu
- 3 yemek kaşığı nohut unu
- 1 su bardağı ağartılmamış çok amaçlı un
- 1/4 bardak besin mayası
- 2 yemek kaşığı mısır unu
- 1 çay kaşığı sarımsak tozu
- 1/2 çay kaşığı deniz tuzu
- 1/4 çay kaşığı karabiber

TALİMATLAR:

a) Kuru seitan karışımını bir stand mikser kasesine dökün.
b) Küçük bir kapta et suyu, tamari, kanola yağı ve pekmezi birleştirin.
c) Stand mikserine hamur kancasını takın ve mikseri düşük konuma getirin. Et suyu karışımını yavaş yavaş kuru seitan karışımına ekleyin. Mikserin hızını arttırıp seitanı 5 dakika kadar yoğurun.
ç) 1 ila 2 spritz bitkisel yağ spreyi ile 7 x 7 x 3 inçlik bir fırın tepsisine püskürtün. Seitanı hazırlanan tavaya bastırın. (Bu boyuttaki tava, hava fritözünüz için çok büyükse, uygun boyutta, fırında güvenli bir tava bulun. Seitanı iki seferde pişirmeniz gerekebilir.) Fırın tepsisini folyo ile örtün.
d) Tavayı hava fritözüne yerleştirin. 350°F'de 10 dakika pişirin. Tavayı fritözden çıkarın, kapağını açın, seitanı bir spatula ile çevirin ve tavayı tekrar kapatın. 10 dakika daha uzun süre pişirin. Seitanı hava fritözünden çıkarın ve bir kenara koyun.
e) Orta boy bir kapta sütü, barbekü sosunu ve nohut ununu orta boy bir kapta birleştirin.
f) Küçük bir kapta çok amaçlı un, besin mayası, mısır unu, sarımsak tozu, tuz ve karabiberi birleştirin. Çok amaçlı un karışımının yarısını hava geçirmez bir kaba, yarısını da tarama için sığ bir tabağa aktarın.
g) Hava fritözünü 3 dakika boyunca 370°F'ye önceden ısıtın. Seitan dokunulabilecek kadar soğuduğunda 4 parçaya bölün.
ğ) Her bir seitan parçasını süt karışımına batırın. Daha sonra seitanı çok amaçlı un karışımına bulayın. Gerekirse hava geçirmez kaptan çok amaçlı un karışımından daha fazlasını ekleyin (aksi takdirde kalan çok amaçlı un karışımını ileride kullanmak üzere buzdolabında saklayın). Seitan parçalarının tamamı çırpıldıktan sonra süt karışımını atmayın.
h) Hırpalanmış seitanı 370°F'de 2 dakika pişirin. Seitanı maşayla çevirin ve 2 dakika daha pişirin. Kızartılmış biftekleri hava fritözünden çıkarın ve her iki tarafı kaplayacak şekilde ters çevirerek kalan süt karışımına geri batırın.
ı) Kızartılmış biftekleri hava fritözüne geri koyun ve 3 dakika daha pişirin.

73. Chick'n Pot Pie

İÇİNDEKİLER:

- Kızartılmış Bisküvi hamuru veya bir (16 ons) tüpte hazırlanmış vegan bisküvi
- 1 çay kaşığı sızma zeytinyağı (isteğe bağlı)
- 2 diş sarımsak, kıyılmış
- 1 su bardağı ince doğranmış soğan
- 1/2 su bardağı ince doğranmış havuç
- 1/2 su bardağı iri kıyılmış kereviz
- 1 çay kaşığı kurutulmuş kekik
- 1/2 çay kaşığı deniz tuzu
- 1/4 çay kaşığı karabiber
- 4 ons vegan tavuk şeritleri, donmuşsa çözülmüş
- 1 su bardağı Mantarlı Beyaz Fasulye Sosu veya Pacific marka veya Imagine marka vegan mantar sosu

TALİMATLAR:

a) Bisküvi hamurunun yarısını hazırlayıp bir kenara koyun (pişirmeyin).
b) Yağı büyük bir tavada orta ateşte ısıtın. Sarımsak, soğan, havuç, kereviz, kekik, tuz ve karabiberi ekleyin ve havuçlar hafif bir çıtır çıtır yumuşayana kadar 5 ila 8 dakika pişirin.
c) Tavuk şeritlerini irice doğrayıp tavaya ekleyin. Sosu tavaya dökün, karıştırın ve karışımı kaynatın. Kapağı kapatın, ısıyı en aza indirin ve 10 dakika pişirin.
ç) Tencere pasta karışımını 2 (5 inç çapında) ramekin veya fırın tepsisine bölün.
d) Hava fritözünü 5 dakika boyunca 360°'ye ısıtın. Kızartılmış bisküvi hamuru kullanıyorsanız hamuru ikiye bölün. Ellerinizi kullanarak, her bir ramekinin üzerinden geçecek şekilde 2 parça hamuru düzleştirin. Mağazadan satın alınan bisküviler kullanılıyorsa, Malzemeler toplam 4 bisküvidir. Ellerinizi kullanarak 2 bisküviyi birleştirin ve bir ramekin kaplayacak şekilde hamur haline getirin. Diğer ramekin için ikinci bir hamur parçası oluşturmak için bu işlemi tekrarlayın.
e) 1 bisküvi hamurunun yarısını alın ve bir ramekinin üzerini örtün. Tencere pasta karışımını tamamen kaplamak için hamuru ramekinin kenarı etrafında kıvırın. Bu işlemi bisküvi hamurunun diğer yarısı ve diğer ramekin ile tekrarlayın.
f) Ramekinleri hava fritözüne yerleştirin. (Hava fritözünüzün boyutuna bağlı olarak tek seferde bir turta hazırlamanız gerekebilir; öyleyse, ikincisini pişirirken ilk pişmiş turtayı sıcak bir fırına koyun.)
g) Çömlek turtalarını 360°F'de 8 dakika, altın kahverengi olana kadar pişirin. Tenceredeki turtaları hava fritözünden dikkatlice çıkarmak için silikon eldiven veya sıcak pedleri bir spatula ile kullanın.

74. Kızarmış Tacos

İÇİNDEKİLER:
- 4 (6 inç) un ekmeği
- 4 sprey kanola yağı spreyi
- 2 su bardağı dondurulmuş vegan baharatlı sığır eti parçaları (Beyond Meat Feisty Crumble gibi)
- 1 su bardağı rendelenmiş süt ürünü olmayan kaşar veya biber Jack peyniri
- 2 su bardağı kıyılmış marul
- 1 su bardağı ince doğranmış domates
- 1/2 su bardağı ince doğranmış soğan

TALİMATLAR:
a) Hava fritözünü 3 dakika boyunca 360°F'ye önceden ısıtın. Hava fritözüne paslanmaz çelik bir taco tutucusu yerleştirin.
b) Tortillaların bir tarafına kanola yağı sürün. Tortillaları yağlanmış tarafı dışarı bakacak şekilde taco tutucuya yerleştirin. Her tortillaya 1/2 bardak sığır eti parçalayın. Her tortillaya 1/4 bardak peynir ekleyin.
c) 360°F'de 8 dakika pişirin.
ç) Maşa kullanarak taco standını hava fritözünden çıkarın. Her tacoyu 1/2 bardak marul, 1/4 bardak domates ve 2 yemek kaşığı soğanla süsleyin.

75.Gurme Izgara Peynir

İÇİNDEKİLER:
- 1 küçük Anjou veya Asya armudu (veya herhangi bir sulu, yumuşak armut)
- 1 küçük Vidalia veya tatlı soğan
- 1/4 çay kaşığı şeker
- 1/2 ila 1 çay kaşığı sızma zeytinyağı veya süt içermeyen tereyağı
- 1/2 bardak süt içermeyen krem peynir
- 4 dilim ekşi mayalı ekmek veya diğer çıtır ekmek
- 2 ila 4 spritz sızma zeytinyağı

TALİMATLAR:
a) Armutu uzunlamasına ince dilimler halinde kesin. Soğanı yarım ay şeklinde ince dilimler halinde kesin. Armutu, soğanı ve şekeri bir parça folyo üzerine yerleştirin.

b) Armut ve soğanın üzerine yağı gezdirin (veya üzerine tereyağını koyun). Folyoyu armut ve soğanın etrafına gevşek bir şekilde sarın. Folyo poşetini hava sepeti fritözüne yerleştirin. 15 dakika boyunca 390°F'de pişirin.

c) Folyo poşetini maşa veya spatula kullanarak fritözden çıkarın, buharı serbest bırakmak için folyoyu açın ve bir kenara koyun.

ç) 1 dilim ekmeğin üzerine 2 yemek kaşığı krem peyniri sürün. Maşa kullanarak karamelize armut ve soğanın yarısını krem peynirin üzerine koyun. Başka bir dilim ekmeğin üzerine 2 yemek kaşığı krem peynir daha sürün. Bu dilim ekmeği armut ve soğanın üzerine yerleştirin.

d) İkinci sandviçi yapmak için bu işlemi tekrarlayın. Hava fritözü sepetine yağ püskürtün. Sandviçleri hava fritözüne yerleştirin.

e) Ekmeğin üst kısmına daha fazla yağ sürün. Ekmek altın kahverengi olana kadar 390°F'ta 5 ila 7 dakika pişirin.

76.Kavrulmuş Nohut ve Brokoli

İÇİNDEKİLER:

- 1 (15 ons) kutu nohut, süzülmüş, durulanmış ve kurulayın
- 1/2 su bardağı ince yarım ay soğan dilimleri
- 1 çay kaşığı kanola yağı
- 1 çay kaşığı düşük sodyumlu soya sosu
- 1 çay kaşığı öğütülmüş zencefil
- 1/2 çay kaşığı granül sarımsak
- 1/2 çay kaşığı karabiber
- 1/2 çay kaşığı köri tozu
- 2 su bardağı brokoli çiçeği
- Servis için 1 yemek kaşığı susam

TALİMATLAR:

a) Nohut, soğan, yağ ve soya sosunu geniş bir kapta birleştirin. Zencefil, toz sarımsak, biber ve köri tozunu ekleyin ve tüm nohutlar iyice kaplanana kadar karıştırın.

b) Delikli bir kaşık kullanarak nohutları hava fritözü sepetine aktarın (yağ ve soya sosu turşusunu saklamak için). 390°F'ta 7 dakika pişirin, 5 dakikada çalkalayın.

c) Büyük bir kapta brokoliyi kalan marinatla birleştirin.

ç) Nohut ve soğan 7 dakika piştikten sonra hava fritözüne aktarın. Brokoliyi nohut ve soğanla yavaşça atın.

d) Brokoli yumuşayıp hafif çıtırlığını koruyana kadar, pişirme süresinin yarısında sallayarak 5 dakika daha 390°F'de pişirmeye devam edin.

e) Her porsiyonun üzerine 1/2 yemek kaşığı susam serpin.

77.Seitan Fajitas

İÇİNDEKİLER:

- 8 ons Fırında Chick'n-Style Seitan, 1/2-inç kalınlığında şeritler halinde kesilmiş veya mağazadan satın alınan seitan şeritleri
- 1/4 inç kalınlığında şeritler halinde kesilmiş 1 büyük kırmızı dolmalık biber
- 1/4 inç kalınlığında şeritler halinde kesilmiş 1 büyük yeşil dolmalık biber
- 1 orta boy soğan, 1/4 inç kalınlığında yarım ay dilimleri halinde kesilmiş
- 3 diş sarımsak, iri kıyılmış
- 1 çay kaşığı kanola yağı
- 1/2 çay kaşığı biber tozu
- 1/2 çay kaşığı öğütülmüş kimyon
- 1/2 çay kaşığı kırmızı biber
- 1/4 çay kaşığı deniz tuzu
- 1/4 çay kaşığı karabiber
- 4 (12 inç) un ekmeği

TALİMATLAR:

a) Seitan dilimlerini geniş bir kaseye yerleştirin (paketlenmiş seitan kullanıyorsanız kaseye eklemeden önce suyunu süzün).

b) Seitanın bulunduğu kaseye kırmızı dolmalık biberi, yeşil dolmalık biberi, soğanı ve sarımsağı ekleyin.

c) Yağı seitanın ve sebzelerin üzerine gezdirin ve maşayla kaplayın. Biber tozunu, kimyonu, kırmızı biberi, tuzu ve karabiberi ekleyin ve birleştirmek için fırlatın.

ç) Karışımı hava fritözü sepetine aktarın. Pişirme süresinin yarısında sallayarak 10 ila 12 dakika boyunca 370°F'ta pişirin.

d) Tortillaları fırında veya mikrodalgada ısıtın.

e) Her tortillaya seitanın ve sebzelerin dörtte birini yerleştirerek fajitaları birleştirin.

78.Taco Salatası

İÇİNDEKİLER:

- 4 (8 inç) un ekmeği
- 8 ons Fırında Chick'n-Style Seitan veya mağazadan satın alınan seitan, iri doğranmış
- 1 (15 ons) barbunya fasulyesi konservesi, süzülmüş ve durulanmış
- 3/4 bardak salsa
- 1/2 su bardağı ince doğranmış soğan
- 1 su bardağı rendelenmiş süt içermeyen çedar peyniri
- 2 su bardağı ince kıyılmış marul
- 1 su bardağı ince doğranmış domates

TALİMATLAR:

a) Tortillaları kabuk kalıplarına bastırın. Bir kenara koyun.
b) Seitanı orta boy bir kaseye yerleştirin. Fasulyeyi, salsayı ve soğanı ekleyin. İyi birleştirin.
c) Seitan karışımını tortillaların arasına paylaştırın. Muhtemelen büyük bir hava fritözünde aynı anda yalnızca 2 taco salatası, küçük bir hava fritözünde ise 1 taco salatası hazırlayabileceksiniz. Hava fritözünden çıkan her taco salatasını ısıtmak için fırını ısıtın.
ç) Hava fritözüne sığacak kadar çok tortilla kabuğu yerleştirin. 360°F'de 5 dakika pişirin.
d) Her tortillaya 1/2 bardak peynir ekleyin. 360°F'de 2 dakika daha uzun süre pişirin. Pişmiş tortilla kaselerini bir sonraki seti pişirirken ısıtmak için fırına aktarın.
e) Tüm tortilla kaseleri pişirildiğinde, maşayı kullanarak tortilla kabuğu kalıbından servis tabağına yavaşça kaydırın. Her taco salatasına 1 su bardağı rendelenmiş marul ve 1/2 su bardağı domates ekleyin.

79.Tempeh Kızarmış Pilav

İÇİNDEKİLER:
- 8 ons tempeh
- 1/2 su bardağı iri doğranmış shiitake mantarı
- 1/2 bardak artı 1 yemek kaşığı düşük sodyumlu soya sosu, bölünmüş
- 2 yemek kaşığı akçaağaç şurubu
- 1 çay kaşığı sızma zeytinyağı
- 2 diş sarımsak, kıyılmış
- 1/2 su bardağı buzlu soğuk su
- 2 yemek kaşığı Kalbini Takip Et VeganEgg
- 1/4 çay kaşığı siyah tuz
- 1 1/2 su bardağı pişmiş kahverengi pirinç
- 2 yemek kaşığı besin mayası
- 1 su bardağı fasulye filizi
- 1 su bardağı kıyılmış lahana
- 1 çay kaşığı biber salçası

TALİMATLAR:

a) Tempeh'i orta boy bir tencerede ocakta 10 dakika boyunca buharda pişirin (veya bir Instant Pot veya düdüklü tencerede düşük basınçta 1 dakika boyunca; çabuk serbest bırakma kullanın). Tempeh'i 12 parçaya bölün ve sığ bir tabağa aktarın. Mantarları ekleyin.

b) Küçük bir kapta 1/2 bardak soya sosu, akçaağaç şurubu, yağ ve sarımsağı birlikte çırpın. Marine sosunu tempeh ve mantarların üzerine dökün. Tabağı folyo ile örtün ve en az 30 dakika (veya geceye kadar) marine edilmek üzere bir kenara koyun.

c) Hava fritözünü 5 dakika boyunca 390°F'ye önceden ısıtın. Suyu, VeganEgg'i ve siyah tuzu bir karıştırıcıda birlikte çırpın. Marine edilmiş tempeh ve mantarları, hava fritözünüze sığacak yapışmaz hava fritöz tavasına veya fırın tepsisine aktarın. Pişen pirinci tavaya ekleyin.

ç) VeganEgg karışımını pirincin üzerine dökün. Besleyici mayayı, filizleri, lahanayı, kalan 1 çorba kaşığı soya sosu ve biber salçasını ekleyin.

d) İyice karıştırın ve pirinci aşağıya doğru bastırın. 10 dakika boyunca 390°F'de pişirin, pişirme süresinin yarısında pirinç karışımını maşayla karıştırın.

80.Soya Kıvırcık Kimchee Çin Böreği

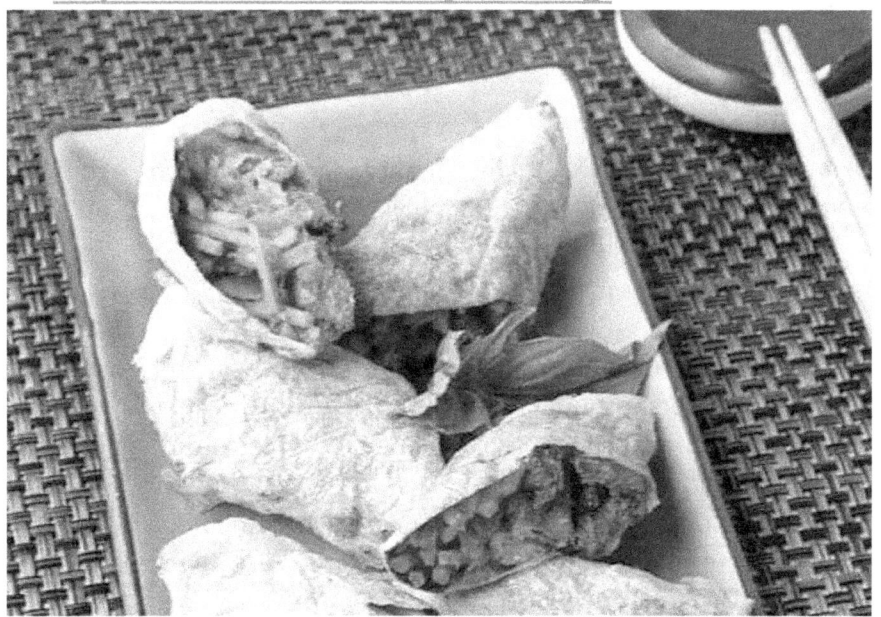

İÇİNDEKİLER:

- 1 su bardağı Soya Curl Kızartması veya vegan dondurulmuş tavuk şeritleri
- 1 küçük havuç
- 4 taze fesleğen yaprağı
- 1/2 bardak ev yapımı veya mağazadan satın alınan vegan kimchee
- 4 (6 ila 8 1/2 inç) pirinç kağıdı yaprağı
- 2 ila 3 sprey kanola yağı

TALİMATLAR:

a) Soya Kıvırcık Kızartmasını hazırlayın. Vegan tavuk şeritleri kullanıyorsanız bunları çözdürün ve uzunlamasına ikiye bölün.

b) Havuçları kibrit çöpleri halinde kesin ve kibrit çöplerini dörde bölün.

c) 1 yaprak pirinç kağıdını 5 saniye veya nemlenene kadar ılık suya batırın. Nemli pirinç kağıdını çalışma yüzeyine yerleştirin ve 30 saniye veya bükülene kadar bekletin. Pirinç kağıdının üzerine 1 fesleğen yaprağı yerleştirin. Havuç kibrit çöplerinin dörtte birini, 2 yemek kaşığı kimchee ve 1/4 bardak Soy Curl Patates Kızartmasını ekleyin.

ç) Pirinç kağıdını kenarını kesme tahtasından uzağa doğru çekerek yuvarlayın. Doldururken, dolguyu yuvarlayın ve ambalajın altına sıkıştırın, kağıdın sonuna gelene kadar yuvarlayın. 4 adet yaylı rulo elde edene kadar bu işlemi tekrarlayın.

d) Hava fritözü sepetine 1 ila 2 adet kanola yağı püskürtün. Yaylı ruloları fritöz sepetine yerleştirin ve kalan 1 ila 2 spritz yağını ruloların üstüne püskürtün. Pişirme süresinin yarısında sallayarak 6 dakika boyunca 400°F'ta pişirin.

81.Lazanya Güveç

İÇİNDEKİLER:
- 1 küçük kabak
- 1 küçük sarı kabak
- 1 orta boy soğan
- 1 büyük kırmızı dolmalık biber
- 5 ons süt ürünü olmayan bufalo tarzı mozzarella peyniri
- 1/4 su bardağı dilimlenmiş, çekirdeği çıkarılmış, yağda kürlenmiş siyah zeytin
- 1 çay kaşığı kurutulmuş fesleğen
- 1 çay kaşığı deniz tuzu
- 1/2 çay kaşığı kurutulmuş kekik
- 1/4 çay kaşığı kırmızı biber gevreği
- 1/4 çay kaşığı öğütülmüş karabiber
- 1 (15 ons) kutu domates sosu
- 1/4 bardak rendelenmiş süt içermeyen Parmesan peyniri

TALİMATLAR:
a) Kabağı ve sarı kabağı uzunlamasına 1/8 ila 1/4 inç kalınlığında şeritler halinde dilimleyin. Her ikisini de iki parçaya bölün.

b) Soğanı yarım ay dilimler halinde kesin. Dilimleri üç parçaya bölün. Dolmalık biberi uzunlamasına 1 1/2-inç şeritler halinde kesin. Şeritleri üç parçaya bölün.

c) Mozarella'yı 1/4 inçlik küpler halinde kesin. Küpleri küçük bir kaseye aktarın ve zeytin, fesleğen, tuz, kekik, kırmızı pul biber ve karabiberi ekleyin. İyice birleştirin ve karışımı üç parçaya bölün.

ç) Hava fritözünü 5 dakika boyunca 360°F'ye önceden ısıtın. 1/2 bardak domates sosunu 6 ila 7 inçlik bir fırın tepsisinin tabanına yayın. Domates sosunun üzerine kabak, kabak, soğan ve biberden birer parça koyun. Mozzarella karışımının ilk üçte birini ekleyin. Bu işlemi 2 kat daha tekrarlayın. Üst katmanı Parmesanla serpin.

d) Fırın tepsisini folyoyla örtün, hava fritözüne aktarın ve 360°F'de 15 dakika pişirin. Kapağını açıp 10 dakika daha pişirin.

82.Patates, Filiz ve Soya Bukleleri

İÇİNDEKİLER:
- 1/2-inç küpler halinde kesilmiş 1 büyük rus patates
- 1 1/2 çay kaşığı kanola yağı, bölünmüş
- 1/2 çay kaşığı deniz tuzu
- 1/4 çay kaşığı karabiber
- 2 bardak kuru Soya Bukleleri
- 2 bardak ılık su
- 16 ons Brüksel lahanası, kesilmiş ve uzunlamasına yarıya bölünmüş
- 1 çay kaşığı balzamik sirke
- 1 1/2 çay kaşığı vegan sığır eti bulyon granülleri
- 1 çay kaşığı öğütülmüş kimyon
- 1 çay kaşığı biber tozu
- 1 çay kaşığı kurutulmuş dereotu
- 1 yemek kaşığı nohut unu
- 1 yemek kaşığı mısır nişastası

TALİMATLAR:
a) Patatesi 1/2 çay kaşığı yağ, tuz ve karabibere atın ve hava fritözüne aktarın. 400°F'de 10 dakika pişirin. Orta boy bir kapta, Soya Buklelerini ılık suda 10 dakika boyunca yeniden sulandırın. Orta boy bir kapta Brüksel lahanalarını 1/2 çay kaşığı kanola yağı ve sirkeyle karıştırın.

b) Hava fritözü 10 dakika sonra bip sesi çıkardığında Brüksel lahanalarını patateslerle birlikte hava fritözüne aktarın. Çalkalayın ve 400°F'de 3 dakika pişirin.

c) Soya Buklelerini boşaltın, tekrar kaseye aktarın ve bulyon granülleri, kimyon, kırmızı biber tozu, dereotu, nohut unu, mısır nişastası ve kalan 1/2 çay kaşığı kanola yağıyla birlikte atın.

ç) Hava fritözü 3 dakika sonra bip sesi çıkardığında kaplanmış Soya Buklelerini patates ve Brüksel lahanasının bulunduğu sepete aktarın.

d) Çalkalayın ve zamanlayıcıyı 15 dakikaya ayarlayın. Her 5 dakikada bir çalkalayın.

83.Calzon

İÇİNDEKİLER:

- 4 ons hazırlanmış Pizza Hamuru veya mağazadan satın alınan vegan pizza hamuru
- 1/4 bardak rendelenmiş süt içermeyen mozzarella peyniri
- 1/4 bardak dilimlenmiş mantar
- 1/4 bardak dilimlenmiş soğan
- 2 ons vegan İtalyan tarzı seitan parçaları veya vegan biberli
- 1/4 bardak pizza sosu
- 1/2 çay kaşığı kurutulmuş kekik
- 1/2 çay kaşığı kurutulmuş fesleğen
- 1/2 bardak gevşek paketlenmiş bebek ıspanak yaprakları
- 2 ila 3 sprey sızma zeytinyağı veya kanola yağı

TALİMATLAR:

a) Pizza hamurunun oda sıcaklığına gelmesini bekleyin. Hamuru yaklaşık 10 inç kadar elle bastırın veya yuvarlayın.

b) Izgara parçası kullanıyorsanız bunu hava fritözünün içine yerleştirin. Hava fritözünü 390°F'ye önceden ısıtın.

c) Haddelenmiş hamurun bir yarısı üzerine katmanları birleştirin. Peynirle başlayın, ardından mantarları, soğanı, seitan parçalarını, pizza sosunu, kekik, fesleğen ve ıspanağı ekleyin. Hamurun diğer yarısını dolgunun üzerine çevirin. Hamurun alt katmanını üst katmanın üzerine çekerek kenarları kıvırın.

ç) Havalandırmak için hamurun üst kısmından üç küçük dilim kesin. Izgara tepsisine veya hava fritözü sepetine yağ sıkın. Calzone'u hava fritözü sepetine aktarmak için büyük bir spatula kullanın. Calzone'un üst kısmına ilave yağ püskürtün.

d) Kabuk altın kahverengi olana kadar 390°F'ta 7 ila 8 dakika pişirin. Calzone'u bir kesme tahtası veya servis tabağına kaydırın. 2 parçaya bölüp servis yapın.

84.Kızarmış Suşi Ruloları

İÇİNDEKİLER:

- 4 (6 ila 8 1/2 inç) yaprak pirinç kağıdı
- 4 (8 x 7 inç) sayfa nori
- 1/4 bardak oda sıcaklığında pişmiş suşi pirinci
- 1/4 bardak çözülmüş edamame
- 1 su bardağı ince dilimlenmiş kırmızı dolmalık biber, havuç ve jicama
- 1 ila 2 spritzes avokado yağı veya sızma zeytinyağı

TALİMATLAR:

a) 1 yaprak pirinç kağıdını yaklaşık 5 saniye veya nemlenene kadar ılık suya batırın. Nemli pirinç kağıdını çalışma yüzeyine yerleştirin ve 30 saniye veya bükülene kadar bekletin.

b) Islak pirinç kağıdının üzerine 1 nori yaprağı yerleştirin. Nori kağıdının üzerine 1 yemek kaşığı suşi pirincini dökün ve pirinçle aynı hizaya getirin. Nori kağıdının üzerine pirincin yanına 1 çorba kaşığı edamame dökün ve başka bir çizgi oluşturun. Dilimlenmiş sebze karışımının 1/4 fincanını pirinç ve edamame ile birlikte birleştirin.

c) Pirinç kağıdını kenarını kesme tahtasından uzağa doğru çekerek yuvarlayın. Nori kağıdını toplayıp, pirinç kağıdının altına doldururken, kağıdın sonuna gelinceye kadar yuvarlayın. 4 rulo oluşturana kadar bu işlemi tekrarlayın.

ç) Ruloları hava fritözü sepetine yerleştirin. Ruloları yağla yağlayın. Pişirme süresinin yarısında sallayarak 390°F'de 5 dakika pişirin.

GARNİTÜRLER

85.Hava Fryer Karnabahar

İÇİNDEKİLER:

- 3/4 yemek kaşığı acı sos
- 1 Yemek kaşığı avokado yağı
- Tatmak için tuz
- 1 orta boy karnabahar, parçalar halinde kesilmiş, yıkanmış ve tamamen kurulanmış

TALİMATLAR:

a) Hava fritözünü 400F / 200C'ye önceden ısıtın
b) Acı sos, badem unu, avokado yağı ve tuzu geniş bir kapta karıştırın.
c) Karnabaharı ekleyin ve kaplanana kadar karıştırın.
ç) Karnabaharın yarısını hava fritözüne ekleyin ve 1215 dakika (veya kenarları biraz hareketsiz bir şekilde gevrekleşinceye kadar veya istediğiniz donanıma ulaşana kadar) kızartın.
e) Karnabaharı döndürmek için hava fritözünü açtığınızdan ve kızartma sepetini 23 kez salladığınızdan emin olun. Çıkarın ve bir kenara koyun.
f) İkinci partiyi ekleyin, ancak 23 dakika daha kısa sürede pişirin .
g) Daldırma için ekstra acı sosla birlikte sıcak olarak servis yapın (soğuk da servis edilebilirler).

86.Jicama Kızartması

İÇİNDEKİLER:

- 8 bardak Jicama, soyulmuş, ince kibrit çöpleri halinde doğranmış
- 2 Yemek Kaşığı Zeytinyağı
- 1/2 çay kaşığı Sarımsak tozu
- 1 çay kaşığı kimyon
- 1 çay kaşığı Deniz tuzu
- 1/4 çay kaşığı karabiber

TALİMATLAR:

a) Büyük bir tencerede suyu ocakta kaynatın. Jicama kızartmasını ekleyin ve artık gevrek olmayana kadar 12 ila 15 dakika kaynatın.
b) Jicama artık gevrek olmadığında çıkarın ve kurulayın.
c) Hava fritöz fırınını 400 dereceye ayarlayın ve 2 ila 3 dakika ön ısıtmaya bırakın. Kullanacağınız hava fritözü raflarını veya sepetini yağlayın.
d) Patatesleri zeytinyağı, sarımsak tozu, kimyon ve deniz tuzuyla birlikte geniş bir kaseye koyun. Ceketini fırlat.

87.Sebze Kebapları

İÇİNDEKİLER:

- 1 su bardağı (75g) düğme mantarı
- 1 su bardağı (200 gr) üzüm domates
- 1 küçük kabak parçalara bölünmüş
- 1/2 çay kaşığı öğütülmüş kimyon
- 1/2 dolmalık biber dilimlenmiş
- Parçalara bölünmüş 1 küçük soğan (veya 34 küçük arpacık soğan, ikiye bölünmüş)
- Tatmak için tuz

TALİMATLAR:

a) Kullanmadan önce şişleri en az 10 dakika suda bekletin .
b) Hava fritözünü 390F / 198C'ye önceden ısıtın.
c) Sebzeleri şişlerin üzerine dizin.
d) Şişleri hava fritözüne yerleştirin ve birbirine değmediğinden emin olun. Hava fritözü sepeti küçükse şişlerin uçlarını keserek sığdırmanız gerekebilir.
d) Pişirme süresinin yarısında çevirerek 10 dakika pişirin . Hava fritözünün sıcaklıkları değişebileceğinden, daha kısa bir süre ile başlayın ve ardından gerektiği kadar daha fazlasını ekleyin.
e) Sebzeli kebapları tabağa aktarıp servis yapın.

88.Spagetti Kabak

İÇİNDEKİLER:

- 1 (2 lbs.) spagetti kabak
- 1 bardak su
- Hizmet etmek için kişniş
- Süslemek için 2 yemek kaşığı taze kişniş

TALİMATLAR:

a) Balkabağını ikiye bölün. Tohumları merkezlerinden çıkarın.

b) Hazır Tencerenin içine bir bardak su dökün ve sac ayağını içine yerleştirin.

c) Kabağın iki yarısını deri tarafı aşağı gelecek şekilde sac nihalesinin üzerine yerleştirin.

ç) Kapağı sabitleyin ve 20 dakika boyunca yüksek basınçla "Manuel" seçeneğini seçin.

d) Bip sesinden sonra Doğal salma yapın ve kapağı çıkarın.

e) Kabağı çıkarın ve iki çatal kullanarak içeriden parçalayın.

f) Gerekirse baharatlı domuz dolgusu ile servis yapın.

89.Salatalıklı Kinoa Salatası

İÇİNDEKİLER:

- ½ bardak kinoa, durulanmış
- ¾ bardak su
- ¼ çay kaşığı tuz
- ½ havuç, soyulmuş ve doğranmış
- ½ salatalık, doğranmış
- ½ bardak dondurulmuş edamame, çözülmüş
- 3 yeşil soğan, doğranmış
- 1 su bardağı kıyılmış kırmızı lahana
- ½ yemek kaşığı soya sosu
- 1 yemek kaşığı limon suyu
- 2 yemek kaşığı şeker
- 1 yemek kaşığı bitkisel yağ
- 1 yemek kaşığı taze rendelenmiş zencefil
- 1 yemek kaşığı susam yağı
- bir tutam kırmızı biber gevreği
- ½ bardak fıstık, doğranmış
- ¼ fincan taze doğranmış kişniş
- 2 yemek kaşığı kıyılmış fesleğen

TALİMATLAR:

a) Hazır tencereye kinoayı, tuzu ve suyu ekleyin.
b) Kapağı sabitleyin ve 1 dakika boyunca yüksek basınçla "Manuel" fonksiyonunu seçin.
c) Bip sesinden sonra hızlı bir şekilde serbest bırakın ve kapağı çıkarın.
ç) Bu arada kalan malzemeleri bir kaseye ekleyin ve iyice karıştırın.
d) Pişen kinoayı hazırlanan karışıma ekleyip iyice karıştırın.
e) Salata olarak servis yapın.

90.Limonlu Patates

İÇİNDEKİLER:

- ½ yemek kaşığı zeytinyağı
- 2 ½ orta boy patates, temizlenmiş ve küp şeklinde doğranmış
- 1 yemek kaşığı taze biberiye, doğranmış
- Tatmak için taze çekilmiş karabiber
- ½ su bardağı sebze suyu
- 1 yemek kaşığı taze limon suyu

TALİMATLAR:

a) Yağı, patatesi, biberi ve biberiyeyi Hazır Tencereye koyun.
b) Sürekli karıştırarak 4 dakika "soteleyin".
c) Kalan tüm malzemeleri Instant Pot'a ekleyin.
ç) Kapağı sabitleyin ve 6 dakika boyunca "Manuel" fonksiyonunu seçin. yüksek basınç.
d) Bip sesinden sonra hızlı bir şekilde serbest bırakın ve ardından kapağı çıkarın.
e) Hafifçe karıştırıp sıcak olarak servis yapın.

91.Asya Usulü Patlıcan

İÇİNDEKİLER:

- 1 kilo patlıcan, dilimlenmiş
- 2 yemek kaşığı şekersiz soya sosu
- 6 Yemek kaşığı susam yağı
- Servis için 1 yemek kaşığı susam
- Tatmak için biber ve tuz

TALİMATLAR:

a) Hava Fritöz makinenizi 185 derece F'ye önceden ısıtın
b) Tüm malzemeleri vakum poşetine koyun.
c) Torbayı kapatın, su banyosuna koyun ve zamanlayıcıyı 50 dakikaya ayarlayın.
ç) Süre dolduğunda patlıcanları dökme demir tavada birkaç dakika kızartın.
d) Hemen susam serperek servis yapın.

92.Baharatlı Çin Usulü Yeşil Fasulye

İÇİNDEKİLER:
- 1 pound uzun yeşil fasulye
- 2 Yemek kaşığı biber salçası
- 2 diş sarımsak, kıyılmış
- 1 Yemek kaşığı soğan tozu
- 1 Yemek kaşığı susam yağı
- Tatmak için tuz
- Servis için 2 yemek kaşığı susam

TALİMATLAR:
a) Hava Fritöz makinenizi 185 derece F'ye önceden ısıtın.
b) Malzemeleri vakum poşetine koyun.
c) Torbayı kapatın, su banyosuna koyun ve zamanlayıcıyı 1 saate ayarlayın.
ç) Fasulyelerin üzerine susam serpip servis yapın.

93.Otlu Patlıcan ve Kabak Karışımı

İÇİNDEKİLER:

- 1 patlıcan; kabaca küp şeklinde
- 3 kabak; kabaca küp şeklinde
- 2 Yemek kaşığı limon suyu
- 1 çay kaşığı kekik; kurutulmuş
- Tadına göre tuz ve karabiber
- 1 çay kaşığı kekik; kurutulmuş
- 3 Yemek kaşığı zeytinyağı

TALİMATLAR:

a) Patlıcanı fritözünüze uygun bir tabağa koyun, kabak, limon suyu, tuz, karabiber, kekik, kekik ve zeytinyağı ekleyin, karıştırın, fritözünüze koyun ve 360 °F'de 8 dakika pişirin.

b) Tabaklara paylaştırın ve hemen servis yapın.

94.Haşlanmış Bok Choy

İÇİNDEKİLER:
- 1 diş sarımsak, ezilmiş
- 1 demet Çin lahanası, doğranmış
- 1 bardak veya daha fazla su
- Tatmak için biber ve tuz

TALİMATLAR:
a) Instant Pot'a su, sarımsak ve Çin lahanasını ekleyin.
b) Kapağı sabitleyin ve 7 dakika boyunca yüksek basınçla "Manuel" fonksiyonunu seçin.
c) Bip sesinden sonra hızlı bir şekilde serbest bırakın ve kapağı çıkarın.
ç) Pişmiş Çin lahanasını süzün ve bir tabağa aktarın.
d) Üzerine biraz tuz ve karabiber serpin.
e) Sert.

TATLI

95.Meyve Parçalaması

İÇİNDEKİLER:
- 1 orta boy elma, ince doğranmış
- 1/2 bardak dondurulmuş yaban mersini, çilek veya şeftali
- 1/4 bardak artı 1 yemek kaşığı esmer pirinç unu
- 2 yemek kaşığı şeker
- 1/2 çay kaşığı öğütülmüş tarçın
- 2 yemek kaşığı süt içermeyen tereyağı

TALİMATLAR:
a) Hava fritözünü 5 dakika boyunca 350°F'ye önceden ısıtın.
b) Elmayı ve dondurulmuş yaban mersinlerini hava fritözüne uygun bir fırın tepsisinde veya ramekinde birleştirin.
c) Küçük bir kapta un, şeker, tarçın ve tereyağını birleştirin. Un karışımını meyvelerin üzerine kaşıkla dökün.
ç) Açıkta kalan meyveleri kaplamak için her şeyin üzerine biraz fazladan un serpin.
d) 350°F'de 15 dakika pişirin.

96.Meyveli Pasta Cepleri

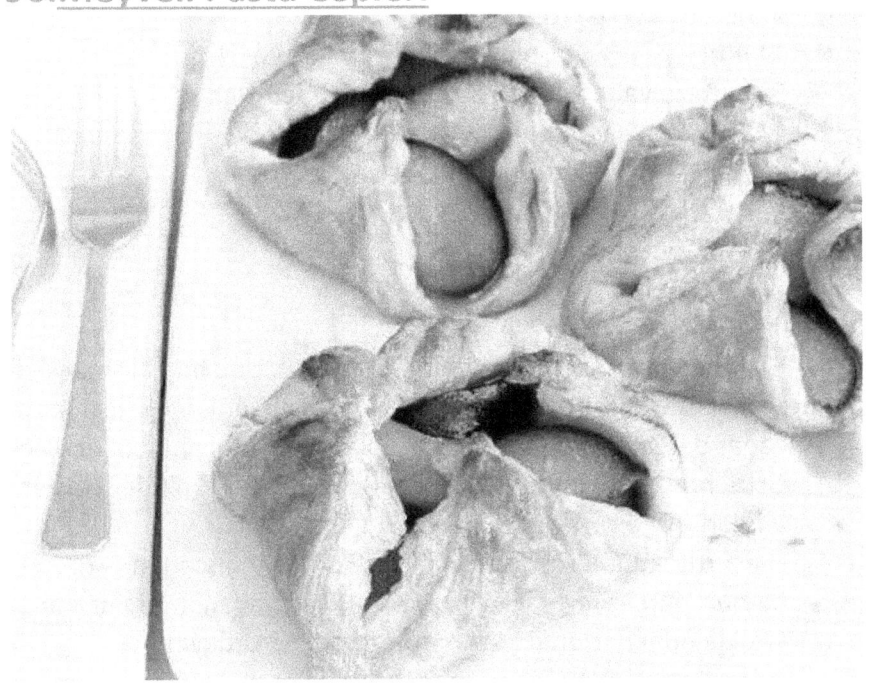

İÇİNDEKİLER:

- 4 ons vegan hilal rulo hamuru
- 1 yemek kaşığı ağartılmamış çok amaçlı un
- 6 ons taze yaban mersini, çilek veya böğürtlen
- 1/2 çay kaşığı toz şeker
- 1/4 çay kaşığı öğütülmüş kakule
- 1/4 çay kaşığı öğütülmüş zencefil
- 1 çay kaşığı pudra şekeri

TALİMATLAR:

a) Hilal rulo hamurunu 4 eşit parçaya bölün. Unu bir çalışma yüzeyine serpin ve hamur parçalarını, yapışmayı önlemek için gerektiği kadar daha fazla un kullanarak 5 x 5 inçlik parçalar halinde açın.

b) Orta boy bir kapta yaban mersini, şekeri, kakule ve zencefili birleştirin.

c) Hava fritözünü 4 dakika boyunca 360°F'ye önceden ısıtın. Her bir hamur parçasına yaklaşık 1/3 bardak yaban mersini karışımını kaşıkla dökün. Her köşeyi merkeze doğru katlayın.

ç) Sızdırmaz olduğundan emin olmak için hamurun kenarlarını işleyin; cebe benzeyecek. 360°F'ta 6 ila 7 dakika veya altın kahverengi olana kadar pişirin.

d) Servis yapmadan önce hamur ceplerinin üzerine pudra şekerini serpin.

97.fırınlanmış elmalar

İÇİNDEKİLER:
- 1/2 bardak haddelenmiş yulaf
- 1 çay kaşığı esmer şeker
- 1 yemek kaşığı süt içermeyen tereyağı, yumuşatılmış
- 1 yemek kaşığı iri kıyılmış ceviz
- 1 çay kaşığı öğütülmüş tarçın
- 4 büyük Granny Smith veya başka pişirme elması, çekirdeği çıkarılmış

TALİMATLAR:
a) Hava fritözünü 5 dakika boyunca 360°F'ye önceden ısıtın.
b) Küçük bir kapta yulaf, esmer şeker, tereyağı, ceviz ve tarçını birleştirin.
c) Küçük bir kaşık kullanarak elmaları yulaf karışımıyla doldurun. 360°F'ta 20 ila 25 dakika pişirin.

98. Karamelize Meyve ve Fındık Sosu

İÇİNDEKİLER:

- 1 çay kaşığı şeker
- 1 çay kaşığı hafif agav şurubu
- 1 çay kaşığı süt içermeyen tereyağı
- 1/2 su bardağı iri kıyılmış ceviz
- 1/2 su bardağı iri kıyılmış ceviz
- 1/2 su bardağı iri kıyılmış kuru kayısı, kiraz, kızılcık veya kuru üzüm
- 1/4 çay kaşığı öğütülmüş tarçın

TALİMATLAR:

a) Şekeri, agav şurubunu ve tereyağını hava fritözüne uygun bir fırın tepsisinde birleştirin.

b) Tavayı hava fritözünde 2 dakika boyunca 360°F sıcaklıkta ısıtın. Hava fritözünden çıkarın.

c) Ceviz, ceviz, kayısı ve tarçını ekleyin. Ceketini fırlat. Tavayı hava fritözü sepetine geri koyun.

ç) 390°F'ta 5 dakika boyunca, 3 dakikada karıştırarak pişirin.

99.Kızarmış Ginger-O'lar

İÇİNDEKİLER:

- 3/4 bardak vegan anlık gözleme karışımı
- 2/3 su bardağı su
- 1/4 su bardağı soya unu
- 1/8 çay kaşığı vanilya özü
- 1/2 çay kaşığı şeker
- 8 Newman's Own Ginger-O'nun sandviç kurabiyeleri

TALİMATLAR:

a) Hava fritözünü 5 dakika boyunca 390°F'ye önceden ısıtın. Hava fritözü sepetine bir parça parşömen kağıdı yerleştirin; sadece tabanı kaplayacak kadar ve fazlalık açığa çıkmadan.

b) Büyük bir kapta krep karışımını, suyu, soya ununu, vanilyayı ve şekeri iyice çırparak birleştirin.

c) Kurabiyeleri maşa yardımıyla teker teker hamura batırın. Fazla hamuru silkeleyin ve kurabiyeleri hava fritöz sepetine aktarın. Hava fritözünüzün boyutuna bağlı olarak bunu gruplar halinde yapmanız gerekebilir.

ç) 390°F'de 5 dakika pişirin. Parşömen kağıdını çıkararak kurabiyeleri ters çevirin. 2 ila 3 dakika daha pişirin. Kurabiyeler altın rengi olunca pişmiş demektir.

100.Elmalı Turta Taquitos

İÇİNDEKİLER:
- 2 ila 3 sprey kanola yağı
- 1/4 bardak elmalı turta dolgusu veya Tıknaz Elma püresi (takip eder)
- 2 (6 inç) mısır ekmeği
- 1 çay kaşığı öğütülmüş tarçın, bölünmüş

TALİMATLAR:
a) Hava fritözü sepetine yağ püskürtün.
b) 1 tortilla üzerine 2 yemek kaşığı pasta dolgusunu yayın. Tortillayı yuvarlayın ve hava fritözü sepetine yerleştirin.
c) İkinci taquito'yu oluşturmak için bu işlemi tekrarlayın. Tortillaların üzerine daha fazla yağ sıkın. Taquitoların üzerine 1/2 çay kaşığı tarçın serpin.
ç) 390°F'de 4 dakika pişirin. Taquitoları ters çevirin, kalan 1/2 çay kaşığı tarçını taquitoların üzerine serpin ve 1 dakika daha pişirin.

ÇÖZÜM

"Hava fritözü için mükemmel vegan yemek kitabı" ile keyifli yolculuğumuzu tamamlarken, air fritözünüzün rahatlığıyla hızlı, kolay, sağlıklı vegan yemekler hazırlamanın mutluluğunu yaşadığınızı umuyoruz. Bu sayfalardaki her tarif, bitki bazlı iyiliğin, verimliliğin ve havalı fritözün mutfağınıza getirdiği lezzetli olanakların bir kutlamasıdır; vegan yemek pişirmenin sağlık bilincine sahip ve lezzet dolu lezzetlerinin bir kanıtıdır.

İster havada kızartılmış sebzelerin sadeliğinin tadını çıkarmış olun, ister bitki bazlı burgerlerin yenilikçiliğini benimsemiş olun, ister suçsuz bir şekilde havada kızartılmış tatlılardan keyif almış olun, bu tariflerin havada kızartılmış vegan mutfağına olan tutkunuzu ateşlediğine inanıyoruz. Malzemelerin ve tekniklerin ötesinde, nihai vegan hava fritözü yemek kitabı konsepti bir ilham kaynağı, verimlilik ve her besleyici ve lezzetli yaratımın getirdiği mutluluğun kutlanması olsun.

Vegan havada kızartılmış yemek pişirme dünyasını keşfetmeye devam ederken, "Hava fritözü için mükemmel vegan yemek kitabı", bitki bazlı mutfağın sadeliğini ve sağlıklılığını sergileyen çeşitli tarifler konusunda size rehberlik edecek güvenilir arkadaşınız olsun. Hızlı ve kolay, sağlıklı vegan yemeklerin tadını çıkarmak, mutfak şaheserleri yaratmak ve havada kızartılmış her lezzetin getirdiği lezzeti kucaklamak için buradayız. Afiyet olsun!

www.ingramcontent.com/pod-product-compliance
Lightning Source LLC
Chambersburg PA
CBHW071853110526
44591CB00011B/1391